하루 한 지문

Write Your English

영작의 어려움을 단계적으로 극복하도록 설계한

하루 한 지문
Write Your English

이정우 지음

모티브

영어 공부를 하면서 '쓰기'가 막막하게 느껴지셨나요? 이 책은 바로 그 막막함을 설렘으로 바꾸고, 영작의 어려움을 단계별로 차근차근 극복할 수 있도록 여러분을 돕기 위해 설계되었습니다.

이 책이 제시하는 7단계 학습법은 단순히 주어진 문장을 기계적으로 베껴 쓰거나 무작정 암기하는 방식이 아닙니다. 단어 하나하나를 익히는 것에서 시작해 듣기, 읽기, 쓰기, 말하기라는 언어의 모든 과정을 유기적으로 연결하는 체계적인 훈련법입니다.

이 과정을 꾸준히 따라오시다 보면, 여러분은 문법 지식으로 영어를 눈으로만 '이해하는 사람'에서, 내 생각을 직접 영어로 '표현할 수 있는 사람'으로 훌쩍 성장해 있을 것입니다. 물론 처음 펜을 들 때는 영작이 낯설고 어렵게 느껴질 수 있습니다. 하지만 조바심내지 않고 하루에 한 문장씩 차곡차곡 쌓아가다 보면, 어느새 머릿속에만 맴돌던 생각들이 자연스러운 영어 문장이 되어 흘러나오는 놀라운 경험을 하게 될 것입니다.

본격적인 학습을 시작하기에 앞서, 이 책과 함께할 여러분께 도움이 될 몇 가지 당부의 말씀을 드립니다.

첫째, 처음부터 완벽하려고 애쓰지 마세요. 언어는 틀리면서 배우는 것입니다. 한 번에 멋진 문장을 쓰려는 욕심보다는, 조금 서툴더라도 포기하지 않고 매일 영작하는 경험 그 자체를 쌓아가는 것이 무엇보다 중요합니다.

둘째, 문법을 일일이 따져가며 영작하려 하지 마세요. 어렵지 않지만 매일매일 사용되는 기본적인 문법 사항이 반복해서 제시되므로 매일 꾸준히 써보는 과정만으로도 문법적 지식은 서서히 쌓이게 됩니다.

셋째, 우리말 해석이 조금 어색해도 이해해 주세요. 영작을 돕기 위해 제공된 우리말 해석은 의역보다는 가능한 한 영어 어순에 맞춘 '직역'으로 되어 있습니다. 문장 단위로 우리말의 의미를 이해하고 영작하려는 노력을 해주세요.

넷째, 관사와 전치사는 틀려도 괜찮습니다. 관사와 전치사는 원래 가장 까다로운 부분입니다. 자주 틀린다고 실망할 필요 없어요. 그 실수의 과정들이 모여 더 단단한 실력을 만듭니다. 틀리는 것을 두려워하지 마세요. 그 경험이 바로 성장의 밑거름이니까요.

이 책이 여러분의 영어 표현 여정을 외롭지 않게 지켜주는 든든하고 따뜻한 동반자가 되길 진심으로 바랍니다.

2025년 12월

이정우

Step 01 단어 학습하기

모르는 어휘와 표현을 가능하면 5분 이내로 학습합니다.

Step 02 첫 번째 듣기

지문을 들으며 전체 내용을 파악하려고 노력합니다. 첫 번째 듣기는 Step 6의 두 번째 듣기에서 실력의 향상을 비교하는 기준이 됩니다.

Step 03 영어 지문을 보고 한 문장씩 해석하기

한 문장씩 해석하며 의미를 파악합니다. 교재에 해석을 적을 필요는 없습니다.

Step 04 해석을 보고 한 문장씩 영작하기

제공된 우리말 직역을 보며 영작을 합니다. 모르는 부분은 빈공간으로 두거나 우리말로 채워둡니다.

Step 05 영어 지문을 보고 한 문장씩 확인하기

틀린 부분을 꼼꼼히 확인하며, 다른 색깔로 수정합니다.

Step 06 두 번째 듣기

첫 번째 듣기와 달라진 자신의 모습을 확인하세요.

Step 07 암기하여 말하기

지문을 통째로 외우며 말하기의 기초를 완성합니다. 6단계까지 누적된 학습을 통해 지문 전체를 암기하는 일이 훨씬 덜 부담스러워진 상태일 것입니다. 도전해 보세요.

차례

01

Without Action, Nothing Happens

아무것도 하지 않으면
아무 일도 일어나지 않는다

STEP 01 Learn Vocabulary
단어 학습하기

happen [hǽpən]	동 일어나다, 발생하다
without [wiðáut]	전 ~없이
unless [ənlés]	접 ~하지 않으면
chance [tʃæns]	명 기회
mistake [mistéik]	명 실수
wait for the right time	적절한 때를 기다리다
lead to	~로 이어지다
move forward	앞으로 나아가다

STEP 02 Listen First
첫 번째 듣기

세세한 부분까지 모두 들으려 하지 마시고,

가벼운 마음으로 어떤 내용인지만 파악하려고 해보세요.

음성 듣기

Translate into Korean
한 문장씩 해석하기

Without Action, Nothing Happens

If you do nothing, nothing will change.

Dreams stay as dreams unless you act.

You cannot learn if you don't try.

You cannot win if you don't join the game.

Many people wait for the "right time," but it never comes.

Small steps are better than no steps.

Action opens the door to new chances.

Even mistakes can lead to success later.

Life moves forward only when you move.

Remember: nothing happens without action.

당신이 아무것도 하지 않으면, 아무것도 변하지 않을 것입니다.

당신이 행동하지 않으면, 꿈은 꿈으로만 남습니다.

당신이 시도하지 않으면, 배울 수 없습니다.

당신이 그 경기에 참여하지 않으면, 이길 수 없습니다.

많은 사람들이 '적절한 때'를 기다리지만, 그때는 결코 오지 않습니다.

작은 발걸음들이 아무런 발걸음이 없는 것보다 낫습니다.

행동은 새로운 기회의 문을 엽니다.

심지어 실수조차도 나중에는 성공으로 이거질 수 있습니다.

당신이 움직일 때만 인생은 앞으로 나아갑니다.

STEP 05 · Check Your Writing
틀린 부분 수정하기

STEP 03의 지문을 보고 틀린 부분을 끔꼼히 수정해주세요.

STEP 06 · Listen Again
두 번째 듣기

첫 번째 듣기와 달라진 자신의 모습을 확인하세요.

음성 듣기

STEP 07 · Memorize and Speak
암기하여 말하기

원어민의 발음과 억양을 최대한 따라하며 말하기 연습을 해보세요.

이렇게 영작해 보세요

1. 〈If 주어 동사, 주어 동사〉 또는 〈주어 동사 if 주어 동사〉를 활용하여 〈만약 ~라면〉을 표현해 보세요.

(1) 내가 늦으면 나를 기다려 주세요.

________ _____ ________ ________, please wait for me.

(2) 네가 배고프면 뭐라도 먹자.

________ _______ _______ _______, let's eat something.

(3) 지금 떠나면 버스를 탈 수 있어.

________ ________ _______ _______, we can catch the bus.

(4) 도움이 필요하면 선생님께 물어봐.

________ ________ _______ _______, ask the teacher.

(5) 그들이 일찍 도착하면 우리 함께 저녁을 먹을 수 있어.

We can have dinner together ________ ________ _______ _______.

(6) 네가 바쁘면 나중에 다시 올게.

I will come back later ________ ________ _______ _______.

2. 〈Unless 주어 동사, 주어 동사〉 또는 〈주어 동사 unless 주어 동사〉를 활용하여 〈~하지 않는다면〉을 표현해 보세요.

(1) 표가 없으면 들어갈 수 없습니다.

You can't enter __________ _______ _______ ________.

(2) 방이 어둡지 않으면 그는 잠들지 못합니다.

He can't sleep __________ _______ ________ _______ ________.

(3) 시도하지 않으면 답을 알 수 없습니다.

__________ _______ _______, you won't know the answer.

3. 〈When 주어 동사, 주어 동사〉 또는 〈주어 등사 when 주어 동사〉를 활용하여 〈~할 때, ~하면〉을 표현해 보세요.

(1) 도착하면 나에게 전화해.

Call me __________ _______ ________.

(2) 그는 그 소식을 들었을 때 미소 지었다.

He smiled __________ _______ _________ _______ ________.

(3) 나는 음악을 들을 때 기분이 좋아진다.

I feel better __________ ____ _________ ________ ________.

02

You Can't
Please Everyone

모든 사람을 만족시킬 수는 없다

STEP 01

Learn Vocabulary
단어 학습하기

please [pliːz]	동 기쁘게 하다
request [rikwést]	명 부탁, 요청
opinion [əpínjən]	명 의견
complain [kəmpléin]	동 불평하다
standard [stǽndərd]	명 기준
respect [rispékt]	동 존경하다
approval [əprúːvəl]	명 승인
try to V	~하려고 노력하다
agree with	~에 동의하다
no matter what	무엇을 ~하든
live by	~에 따라 살다
all the time	항상

STEP 02

Listen First
첫 번째 듣기

세세한 부분까지 모두 들으려 하지 마시고,

가벼운 마음으로 어떤 내용인지만 파악하려고 해보세요.

음성 듣기

Translate into Korean
한 문장씩 해석하기

You Can't Please Everyone

Many people try to make everyone happy.

They say yes to every request and agree with every opinion.

But no matter what you do, someone will still complain.

Trying to please everyone only makes you tired.

It also makes you lose your own voice.

You cannot live by the standards of others all the time.

It's better to be honest and kind than to try to please everyone.

Respect others, but respect yourself too.

When you stop trying to please everyone, you find real peace.

Remember: you don't need everyone's approval to live well.

Write in English
한 문장씩 영작하기

많은 사람들이 모든 사람을 행복하게 만들려고 노력합니다.

그들은 모든 부탁에 "좋아요"라고 말하고, 모든 의견에 동의합니다.

하지만 당신이 무엇을 하든, 누군가는 여전히 불평할 것이다.

모든 사람을 기쁘게 하려는 것은 당신을 지치게 만들 뿐입니다.

그것은 또한 당신이 자신의 목소리를 잃게 만듭니다.

당신은 항상 다른 사람들의 기준에 따라 살 수는 없습니다.

모든 사람을 기쁘게 하려 하기보다, 정직하고 친절한 것이 더 낫습니다.

다른 사람들을 존중하되, 당신 자신도 존중하세요.

당신이 모든 사람을 기쁘게 하려는 것을 멈출 때, 당신은 진정한 평화를 찾게 됩니다.

기억하세요: 당신이 잘 살기 위해 모든 사람의 인정을 받을 필요는 없습니다.

Check Your Writing
틀린 부분 수정하기

STEP 03의 지문을 보고 틀린 부분을 꼼꼼히 수정해주세요.

Listen Again
두 번째 듣기

첫 번째 듣기와 달라진 자신의 모습을 확인하세요.

Memorize and Speak
암기하여 말하기

원어민의 발음과 억양을 최대한 따라하며 말하기 연습을 해보세요.

이렇게 영작해 보세요

1. 〈try to 동사원형〉을 활용하여 〈~하려고 노력하다〉를 표현해 보세요.

(1) 그녀는 언제나 친구들을 도우려고 노력한다.

She always _____________ _________ __________ her friends.

(2) 도서관에서는 조용히 하도록 노력하세요.

Please ____________ _______ _______ __________ in the library.

(3) 걱정하지 말고, 그저 최선을 다하도록 해봐.

Don't worry, and just __________ _________ _______ __________

__________.

2. 〈make+명사+형용사〉를 활용하여 〈~를 ~하게 만들다〉를 표현해 보세요.

(1) 그 영화는 나를 행복하게 만들었다.

The movie ___________ _______ __________.

(2) 이 음료는 나를 졸리게 만든다.

This drink ___________ _______ __________.

(3) 그 재미있는 이야기가 우리를 신나게 했다.

The funny story ___________ ________ __________.

3. 〈make+명사+동사원형〉을 활용하여 〈~를 ~하게 만들다〉를 표현해 보세요.

(1) 그의 농담이 모든 사람들을 웃게 했다.

His joke ＿＿＿＿＿＿ ＿＿＿＿＿＿ ＿＿＿＿＿.

(2) 매운 음식이 나로 하여금 물을 많이 마시기 했다.

The spicy food ＿＿＿＿＿ ＿＿＿＿ ＿＿＿＿ a lot of water.

4. 〈no matter what 주어 동사〉를 활용하여 〈무엇을 ~하든〉을 표현해 보세요.

(1) 네가 뭐라고 말하든 나는 내 마음을 바꾸지 않을 거야.

＿＿＿＿ ＿＿＿＿＿ ＿＿＿＿＿ ＿＿＿＿＿ ＿＿＿＿, I won't

change my mind.

(2) 그들이 무엇을 하든 우리는 침착해야 해.

＿＿＿＿ ＿＿＿＿＿ ＿＿＿＿＿ ＿＿＿＿＿ ＿＿＿＿, we must

stay calm.

(3) 다른 사람들이 뭐라고 생각하든 그녀는 자신을 믿는다.

＿＿＿＿ ＿＿＿＿＿ ＿＿＿＿＿ ＿＿＿＿＿ ＿＿＿＿, she

believes in herself.

Change Yourself First

먼저 자신을 변화시켜라

STEP 01 Learn Vocabulary
단어 학습하기

control [kəntróul]	동 통제하다
patience [péiʃəns]	명 인내심
anger [ǽŋgər]	명 화, 분노
kindness [káindnis]	명 친절
criticism [krítəsìzm]	명 비판, 비평
attitude [ǽtitjùːd]	명 태도
true [truː]	형 진정한, 진짜의
fix [fiks]	동 고치다, 수정하다
instead of	~ 대신에
waste energy+Ving	~하는데 에너지를 낭비하다
work on	~에 대해 일하다, ~을 개선하려고 노력하다

STEP 02 Listen First
첫 번째 듣기

세세한 부분까지 모두 들으려 하지 마시고,

가벼운 마음으로 어떤 내용인지만 파악하려고 해보세요.

음성 듣기

Translate into Korean
한 문장씩 해석하기

Change Yourself First

Many people try to change others, but it is not easy.

You cannot control what another person thinks or does.

If you only try to change others, you will feel angry and tired.

But when you change yourself, everything becomes different.

You can choose patience instead of anger.

You can choose kindness instead of criticism.

When you change your own attitude, people may also change.

True change begins with you, not with others.

Don't waste energy trying to fix everyone else.

Work on yourself, and the world will look brighter.

Write in English
한 문장씩 영작하기

많은 사람들이 다른 사람을 바꾸려 하지만, 그것은 쉽지 않습니다.

당신은 다른 사람이 생각하거나 행동하는 것을 통제할 수 없습니다.

당신이 다른 사람만 바꾸려 한다면, 화가 나고 지치게 될 것입니다.

하지만 당신 자신을 바꿀 때, 모든 것이 달라집니다.

당신은 분노 대신 인내를 선택할 수 있습니다.

당신은 비난 대신 친절을 선택할 수 있습니다.

당신이 자신의 태도를 바꿀 때, 다른 사람들도 변할 수 있습니다.

진정한 변화는 다른 사람에게서가 아니라, 당신 자신에게서 시작됩니다.

모든 사람을 고치려 애쓰며 에너지를 낭비하지 마세요.

자신을 발전시키세요, 그러면 세상이 더 낡게 보일 것입니다.

Check Your Writing
틀린 부분 수정하기

STEP 03의 지문을 보고 틀린 부분을 꼼꼼히 수정해주세요.

Listen Again
두 번째 듣기

첫 번째 듣기와 달라진 자신의 모습을 확인하세요.

음성 듣기

Memorize and Speak
암기하여 말하기

원어민의 발음과 억양을 최대한 따라하며 말하기 연습을 해보세요.

이렇게 영작해 보세요

1. 〈what+주어+동사〉를 활용하여 〈주어가 동사하는 것〉을 표현해 보세요.

(1) 나는 네가 원하는 것을 안다.

I know ___________ ___________ ___________.

(2) 그녀는 필요한 것을 샀다.

She bought ___________ ___________ ___________.

(3) 그는 그가 만든 것을 나에게 보여주었다.

He showed me ___________ ___________ ___________.

2. 〈become+형용사〉를 활용하여 〈~한 상태가 되다〉를 표현해 보세요.

(1) 날씨가 갑자기 추워졌다.

The weather ___________ ___________ suddenly.

(2) 나는 아버지처럼 강해지고 싶다.

I want to ___________ ___________ like my father.

(3) 그는 그 영화 이후 유명해졌다.

He ___________ ___________ after the movie.

3. 〈waste+시간/돈/에너지+동사ing〉를 활용하여 〈~하는데 시간/돈/에너지를 낭비하다〉를 표현해 보세요.

(1) 하루 종일 TV 보느라 시간을 낭비하지 마라.

Don't ___________ ___________ ___________ TV all day.

(2) 그는 쓸모없는 물건을 사느라 돈을 낭비했다.

He ___________ ___________ ___________ useless things.

(3) 과거를 걱정하느라 에너지를 낭비하지 마라.

Don't ___________ ___________ ___________ about the past.

4. 〈명령문, and 주어 will/can 동사원형〉을 활용하여 〈~해라, 그러면 ~할 것이다/~할 수 있다〉를 표현해 보세요.

(1) 다른 사람들에게 친절해라, 그러면 그들이 널 좋아할 것이다.

___________ ___________ to others, ___________ they will like you.

(2) 내 조언을 따르라, 그러면 후회하지 않을 것이다.

___________ ___________ ___________, ___________ you won't regret it.

(3) 돈을 저축해라, 그러면 원하는 것을 살 수 있다.

___________ ___________ ___________, ___________ you can buy what

you want.

Should I Do It or Not?

할까 말까 고민될 때

STEP 01 Learn Vocabulary
단어 학습하기

wonder [wʌndər]	동 궁금해하다
bring [briŋ]	동 가져오다, 가져다 주다
experience [ikspíəriəns]	명 경험 동 경험하다
wisdom [wízdəm]	명 지혜
action [ǽkʃən]	명 행동
strength [streŋkθ]	명 힘, 강점
regret Ving	~한 것을 후회하다
be sure	~를 확신하다
whether to V or not	~할지 말지

STEP 02 Listen First
첫 번째 듣기

세세한 부분까지 모두 들으려 하지 마시고,

가벼운 마음으로 어떤 내용인지만 파악하려고 해보세요.

음성 듣기

Translate into Korean
한 문장씩 해석하기

Should I Do It or Not?

Sometimes we wonder, "Should I do it or not?"

If we wait too long, the chance may be gone.

Many good things start with a small step forward.

Even if you make a mistake, you can learn from it.

Doing nothing teaches you nothing.

Action brings experience, and experience brings wisdom.

It is better to try and fail than to regret not trying.

When you're not sure whether to do it or not, just try.

You may find new ideas, new friends, or new strength.

Life moves forward when you choose to act.

가끔 우리는 "그것을 해야 할까, 말아야 할까?" 하고 고민합니다.

우리가 너무 오래 기다리면, 그 기회는 사라질 수도 있습니다.

많은 좋은 일들은 앞으로 내딛는 작은 한 걸음에서 시작됩니다.

설사 당신이 실수를 하더라도, 그로부터 배울 수 있습니다.

아무것도 하지 않는 것은 당신에게 아무것도 가르쳐주지 않습니다. (=아무것도 하지 않으면, 아무것도 배울 수 없습니다.)

행동은 경험을 가져오고, 경험은 지혜를 가져옵니다.

시도했다가 실패하는 것이 시도하지 않은 것을 후회하는 것보다 낫습니다.

그것을 해야 할지 말아야 할지 확신이 서지 않을 때는, 그냥 해보세요.

당신은 새로운 생각, 새로운 친구, 혹은 사로운 힘을 발견할지도 모릅니다.

당신이 행동하기로 선택할 때, 인생은 앞으로 나아갑니다.

Check Your Writing
틀린 부분 수정하기

STEP 03의 지문을 보고 틀린 부분을 꼼꼼히 수정해주세요.

Listen Again
두 번째 듣기

첫 번째 듣기와 달라진 자신의 모습을 확인하세요.

음성 듣기

Memorize and Speak
암기하여 말하기

원어민의 발음과 억양을 최대한 따라하며 말하기 연습을 해보세요.

이렇게 영작해 보세요

1. 〈be gone〉을 활용하여 〈사람 또는 무언가가 떠나거나 사라지고 없는 상태〉를 표현해 보세요.

(1) 그는 이제 떠났다 / 여기 없다.

He _________ ___________ now.

(2) 내 지갑이 없어졌어!

My ____________ _________ ___________!

(3) 걱정 마, 통증은 이제 사라졌어.

Don't worry, the ____________ _________ ___________ now.

2. 〈even if 주어 동사〉를 활용하여 〈설사/설령 ~한다 해도〉를 표현해 보세요.

(1) 그녀는 피곤하더라도 미소를 짓는다.

She smiles ____________ _________ ___________ _________ ___________.

(2) 비록 실패하더라도 다시 시도할 수 있다.

____________ _________ ___________ _________, you can try again.

(3) 춥더라도 나는 산책을 갈 거예요.

____________ _________ _________ _________ ___________, I will go for a walk.

3. ⟨It is better to 동사원형 than to 동사원형⟩을 활용하여 ⟨~하는 것보다 ~하는 것이 더 낫다⟩를 표현해 보세요.

(1) 나중에 후회하는 것보다 열심히 공부하는 게 낫다.

______ ______ ______ ______ ______ ______

than to regret later.

(2) 아무것도 안 하는 것보다 시도하고 실패하는 게 낫다.

______ ______ ______ ______ ______

__________ than to do nothing.

(3) 너무 많이 말하는 것보다 듣는 게 낫다.

______ ______ __________ ______ __________ than to talk too

much.

4. ⟨regret not 동사ing⟩를 활용하여 ⟨~하지 않은 것을 후회하다⟩를 표현해 보세요.

(1) 우리는 그 기회를 잡지 않은 것을 후회한다.

We __________ _________ __________ the chance.

(2) 그녀는 가족과 더 많은 시간을 보내지 않은 것을 후회한다.

She __________ _________ __________ more time with her family.

05

Don't Wait
Until You're Ready

준비될 때까지 기다리지 마라

STEP 01

Learn Vocabulary
단어 학습하기

completely [kəmplíːtli]	부 완전히
missing [mísiŋ]	형 놓친, 없어진, 부족한
once [wʌns]	접 일단 ~하면
confidence [kánfədəns]	명 자신감
sign [sain]	명 표시, 신호
failure [féiljər]	명 실패
progress [prágres]	명 발전, 진보, 진전
keep Ving	계속 ~하다
pass by	지나가다
by Ving	~함으로써
the first step	첫걸음
little by little	조금씩, 점점, 차츰
not A but B	A가 아니라 B이다

STEP 02

Listen First
첫 번째 듣기

세세한 부분까지 모두 들으려 하지 마시고,

가벼운 마음으로 어떤 내용인지만 파악하려고 해보세요.

음성 듣기

STEP 03 **Translate into Korean**
한 문장씩 해석하기

Don't Wait Until You're Ready

Many people say, "I'll start when I'm ready."

But the truth is, you never feel completely ready.

There is always something missing, something not perfect.

If you keep waiting, the chance will pass by.

You learn more by doing than by waiting.

The first step is the hardest, but also the most important.

Once you begin, confidence grows little by little.

Mistakes are not signs of failure but signs of progress.

Don't wait for the perfect time.

Start now, and make the time perfect.

많은 사람들이 "준비되면 시작할 거야."라고 말합니다.

하지만 진실은, 당신은 결코 완전히 준비되었다고 느끼지 못한다는 것입니다.

항상 무엇인가 부족하고, 완벽하지 않은 것이 있습니다.

계속 기다리면, 그 기회는 지나가 버릴 것입니다.

기다리는 것보다 행동함으로써 더 많이 배웁니다.

첫 걸음은 가장 어렵지만, 또한 가장 중요합니다.

일단 시작하면, 자신감은 조금씩 자라납니다.

실수는 실패의 표시가 아니라, 발전의 표시입니다.

완벽한 때를 기다리지 마세요.

지금 시작하세요, 그리고 그 시간을 완벽하게 만드세요.

Check Your Writing
틀린 부분 수정하기

STEP 03의 지문을 보고 틀린 부분을 꼼꼼히 수정해주세요.

Listen Again
두 번째 듣기

첫 번째 듣기와 달라진 자신의 모습을 확인하세요.

음성 듣기

Memorize and Speak
암기하여 말하기

원어민의 발음과 억양을 최대한 따라하며 말하기 연습을 해보세요.

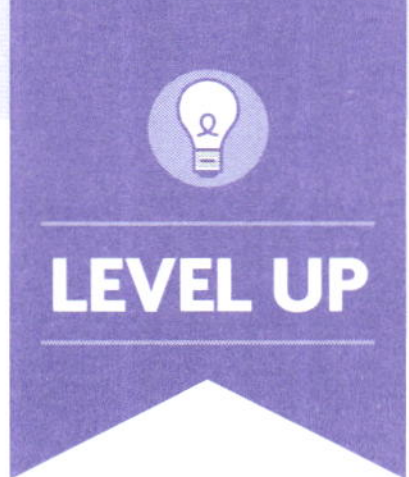

이렇게 영작해 보세요

1. 〈until 주어 동사〉를 활용하여 〈~할 때까지〉를 표현해 보세요.

(1) 내가 돌아올 때까지 여기서 기다려라.

Wait here ____________ _____ ____________ back.

(2) 모두가 도착할 때까지 우리는 시작할 수 없다.

We can't start ____________ ______________ ____________.

(3) 아기가 잠들 때까지 그녀는 잠들지 않았다.

She didn't sleep ____________ ____________ ____________ ____________ asleep.

2. 〈once 주어 동사〉를 활용하여 〈일단 ~하면〉을 표현해 보세요.

(1) 일단 해 보면, 네가 그것을 좋아하게 될 거야.

____________ ____________ ____________ it, you will love it.

(2) 영화가 시작되면 조용히 해 주세요.

____________ ____________ ____________ ____________, please be quiet.

3. 〈keep 동사ing〉를 활용하여 〈계속 ~하다〉를 표현해 보세요.

(1) 그들은 어두워질 때까지 계속 축구를 한다.

They ＿＿＿＿＿＿ ＿＿＿＿＿＿ soccer until it gets dark.

(2) 그녀는 그 이야기에 대해 계속 질문했다.

She ＿＿＿＿＿＿ ＿＿＿＿＿＿ questions about the story.

(3) 그는 낡은 컴퓨터를 고치려고 계속 시도한다.

He ＿＿＿＿＿＿ ＿＿＿＿＿＿ to fix the old computer.

4. 〈by 동사ing〉를 활용하여 〈~함으로써〉를 영어로 표현해 보세요.

(1) 규칙적으로 운동함으로써 건강을 유지한다.

We keep healthy ＿＿＿＿＿＿ ＿＿＿＿＿＿ regularly.

(2) 집에서 요리함으로써 돈을 절약했다.

She saved money ＿＿＿＿＿＿ ＿＿＿＿＿＿ at home.

(3) 더 많이 재활용함으로써 쓰레기를 줄일 수 있다.

We can reduce waste ＿＿＿＿＿＿ ＿＿＿＿＿＿ more.

06

The Joy of Simple Life

소박한 삶의 행복

STEP 01 — Learn Vocabulary
단어 학습하기

joy [dʒɔɪ]	몡 기쁨
simple [ˈsɪmpəl]	혱 소박한, 간단한, 단순한
happiness [ˈhæpinəs]	몡 행복
meal [miːl]	몡 식사
nature [ˈneɪtʃər]	몡 자연
forget [fərgét]	동 잊다
matter [ˈmætər]	동 중요하다 몡 문제
moment [ˈmoʊmənt]	몡 순간
peace [piːs]	몡 평화
rest [rest]	동 쉬다 몡 휴식
thankful [ˈθæŋkfəl]	혱 감사하는, 고맙게 생각하는

STEP 02 — Listen First
첫 번째 듣기

세세한 부분까지 모두 들으려 하지 마시고,

가벼운 마음으로 어떤 내용인지만 파악하려고 해보세요.

음성 듣기

Translate into Korean
한 문장씩 해석하기

The Joy of Simple Life

A simple life can bring true happiness.

We don't need many things to feel good.

A warm meal, a kind smile, or a walk in nature can make us happy.

When life is busy, we often forget what really matters.

Simple things help us slow down and enjoy the moment.

We don't need to buy more to feel rich.

Peace comes from inside, not from things.

A simple life gives us time to rest and think.

It helps us feel more thankful.

The joy of a simple life is always around us.

소박한 삶은 진정한 행복을 가져올 수 있다.

기분 좋게 살기 위해 많은 것이 필요한 것은 아니다.

따뜻한 한 끼 식사, 다정한 미소, 혹은 자연 속을 걷는 것만으로도 우리는 행복해질 수 있다.

삶이 바쁠 때, 우리는 종종 진짜로 중요한 것이 무엇인지 잊는다.

단순한 것들이 우리로 하여금 속도를 늦추고, 지금 이 순간을 즐기게 도와준다.

부유함을 느끼기 위해 더 많은 것을 살 필요는 없다.

평화는 물건에서 오는 것이 아니라, 마음속에서 온다.

소박한 삶은 우리에게 쉬고 생각할 시간을 준다.

그것은 우리가 더 감사한 마음을 느끼게 도와준다.

소박한 삶의 기쁨은 언제나 우리 주변에 있다.

 ### Check Your Writing
STEP 05 틀린 부분 수정하기

STEP 03의 지문을 보고 틀린 부분을 꼼꼼히 수정해주세요.

 ### Listen Again
STEP 06 두 번째 듣기

첫 번째 듣기와 달라진 자신의 모습을 확인하세요.

음성 듣기

 ### Memorize and Speak
STEP 07 암기하여 말하기

원어민의 발음과 억양을 최대한 따라하며 말하기 연습을 해보세요.

이렇게 영작해 보세요

1. 〈to 동사원형〉을 활용하여 〈~하기 위해서, ~하러〉를 표현해 보세요.

(1) 나는 영어를 공부하기 위해서 이 책을 샀다.

I bought this book ＿＿＿＿＿ ＿＿＿＿＿＿ ＿＿＿＿＿＿＿.

(2) 그녀는 첫 버스를 타기 위해 일찍 일어났다.

She got up early ＿＿＿＿＿ ＿＿＿＿＿＿ ＿＿＿＿＿ ＿＿＿＿＿

＿＿＿＿＿.

(3) 우리는 신선한 공기를 마시기 위해 창문을 열었다.

We opened the window ＿＿＿＿＿ ＿＿＿＿＿ ＿＿＿＿＿ ＿＿＿＿＿

＿＿＿＿＿.

2. 〈feel+형용사〉를 활용하여 〈~하게 느끼다, ~한 기분이다, ~하다〉를 표현해 보세요.

(1) 그녀는 가끔 외롭다고 느낀다.

＿＿＿＿＿＿ ＿＿＿＿＿＿ ＿＿＿＿＿＿＿ sometimes.

(2) 우리는 여행에 대해 신이 난다.

＿＿＿＿＿ ＿＿＿＿＿ ＿＿＿＿＿＿ about the trip.

(3) 그들은 시험 전에 긴장했다.

___________ __________ ____________ before the test.

3. 〈make+(대)명사+형용사〉를 활용하여 〈~을 ~하게 만들다〉를 표현해 보세요.

(1) 다른 사람들을 돕는 것은 우리가 행복하게 느끼도록 한다.

Helping others __________ _______ _________ _________.

(2) 열심히 노력하는 것은 당신을 강하게 만들 수 있다.

Hard work can __________ __________ _________.

(3) 너의 친절한 말이 나를 자신감 있게 만들었다.

Your kind words __________ _______ ___________.

4. 〈help+(대)명사+(to) 동사원형〉을 활용하여 〈~가 ~하는 것을 도와주다〉를 표현해 보세요.

(1) 그는 내가 무거운 가방을 나르는 것을 도왔다.

He __________ _______ _________ the heavy bag.

(2) 우리는 부모님께서 저녁을 요리하는 것을 도와드렸다.

We __________ __________ __________ _________ dinner.

(3) 그녀는 그가 잃어버린 개를 찾도록 도와주었다.

She __________ __________ _________ his lost dog.

Learning at Any Age

나이는 숫자일 뿐,
배우는 즐거움

STEP 01 · Learn Vocabulary
단어 학습하기

try [traɪ]	동 시도하다, 먹어 보다
active [ˈæktɪv]	형 적극적인, 활동적인
afraid [əˈfreɪd]	형 두려워하는
a sense of growth	성장감
try Ving	(시험 삼아) ~해보다
learn to V	~하는 것을 배우다
keep Ving	계속 ~하다
be willing to V	기꺼이 ~하려고 하다
don't have to V	~할 필요가 없다
open heart	열린 마음

STEP 02 · Listen First
첫 번째 듣기

세세한 부분까지 모두 들으려 하지 마시고,

가벼운 마음으로 어떤 내용인지만 파악하려고 해보세요.

음성 듣기

STEP 03 — Translate into Korean
한 문장씩 해석하기

Learning at Any Age

It is never too late to learn.

Even at 40, 50, or 70, we can try new things.

Learning keeps our minds active and strong.

It also gives us joy and a sense of growth.

You can study English, try painting, or learn to use a smartphone.

Small steps are fine because what matters is to keep going.

Mistakes are part of learning, so don't be afraid.

You don't have to be perfect; you just have to be willing to try.

Learning is not only for young people.

It is for anyone with an open heart.

Write in English
한 문장씩 영작하기

배우기에 너무 늦은 때란 없습니다.

40세, 50세, 혹은 70세일지라도 우리는 새로운 일을 시도할 수 있습니다.

배움은 우리의 마음을 활발하고 강하게 유지시켜 줍니다.

그것은 또한 우리에게 기쁨과 성장의 느낌을 줍니다.

당신은 영어를 공부하거나, 그림을 시도하거나, 스마트폰 사용법을 배울 수 있습니다.

중요한 것은 계속 나아가는 것이므로, 작은 걸음이라도 괜찮습니다.

실수는 배움의 일부이므로, 두려워하지 마세요.

완벽할 필요는 없습니다; 단지 시도하려는 마음만 있으면 됩니다.

배움은 젊은이들만을 위한 것이 아닙니다.

그것은 열린 마음을 가진 누구에게나 해당됩니다.

Check Your Writing
틀린 부분 수정하기

STEP 03의 지문을 보고 틀린 부분을 꼼꼼히 수정해주세요.

Listen Again
두 번째 듣기

첫 번째 듣기와 달라진 자신의 모습을 확인하세요.

음성 듣기

Memorize and Speak
암기하여 말하기

원어민의 발음과 억양을 최대한 따라하며 말하기 연습을 해보세요.

이렇게 영작해 보세요

1. 〈too+형용사/부사+to 동사원형〉을 활용하여 〈~하기에 너무 ~한/하게〉 또는 〈너무 ~해서 ~할 수 없다〉를 표현해 보세요.

(1) 그는 너무 어려서 운전할 수 없다.

He is ___________ ___________ ________ __________.

(2) 이 문제는 너무 어려워서 풀 수 없다.

This problem is ___________ _____________ ________ ___________.

(3) 그는 너무 빨리 말해서 이해할 수 없었다.

He spoke ___________ ___________ ________ _____________.

2. 〈never too 형용사/부사+to 동사원형〉을 활용하여 〈~하기에 결코 너무 ~하지 않다〉를 표현해 보세요.

(1) 다시 시작하기에 결코 늦지 않았다.

It is ___________ ___________ ___________ ________ __________ again.

(2) 당신은 배우기에는 결코 나이가 많지 않다.

You are ___________ ___________ ________ ________ __________.

3. 〈keep+(대)명사+형용사〉를 활용하여 〈~을 ~한 상태로 유지하다〉 또는 〈~를 계속 ~하게 하다〉를 표현해 보세요.

(1) 나는 내 방을 깨끗하게 유지하려고 합니다.

I try to _____________ _________ ___________ ___________.

(2) 좋은 음식은 사람들을 건강하게 합니다.

Good food _____________ _____________ ___________.

(3) 문을 열어 두세요.

Please ___________ _____________ _____________ ___________.

4. 〈What matters is to 동사원형〉을 활용하여 〈중요한 것은 ~하는 것이다〉를 표현해 보세요.

(1) 중요한 것은 최선을 다하는 것입니다.

___________ ___________ _________ _________ your best.

(2) 중요한 것은 계속 배우는 것입니다.

___________ ___________ _________ _______ _________ learning.

(3) 중요한 것은 결코 포기하지 않는 것입니다.

___________ ___________ _________ _________ never give up.

08

What Is True Happiness?

진짜 행복이란 무엇인가

STEP 01 — Learn Vocabulary
단어 학습하기

success [sək'ses]	몡 성공
bring [brɪŋ]	동 가져오다, 가져다 주다
happiness [hǽpinis]	몡 행복
thankful [θǽŋkfəl]	혱 감사하는
peaceful ['piːsfəl]	혱 평화로운
quiet [kwáiət]	혱 조용한 •quietly 조용하게
come from	~에서 온다, ~ 출신이다
look around	주위를 둘러 보다

STEP 02 — Listen First
첫 번째 듣기

세세한 부분까지 모두 들으려 하지 마시고,

가벼운 마음으로 어떤 내용인지만 파악하려고 해보세요.

음성 듣기

Translate into Korean
한 문장씩 해석하기

What Is True Happiness?

Many people think money or success brings happiness.

But true happiness often comes from small things.

Time with family, a good meal, or a kind word can make us smile.

Happiness is not something we buy.

It grows when we feel thankful and peaceful.

When we help others, we also feel happy.

Sometimes, just sitting quietly can bring joy.

True happiness is simple and quiet.

It comes from love, not things.

Look around—you may already have it.

Write in English
한 문장씩 영작하기

많은 사람들은 돈이나 성공이 행복을 가져온다고 생각합니다.

하지만 진정한 행복은 종종 작은 것들에서 옵니다.

가족과의 시간, 맛있는 식사, 혹은 따뜻한 말 한마디가 우리를 미소 짓게 할 수 있습니다.

행복은 우리가 돈으로 사는 것이 아닙니다.

그것은 우리가 감사하고 평화로운 마음을 느낄 때 자라납니다

우리가 다른 사람을 도울 때, 우리도 행복을 느낍니다.

때로는 조용히 앉아 있는 것만으로도 기쁨을 느낄 수 있습니다.

진정한 행복은 단순하고 조용합니다.

그것은 물질이 아니라 사랑에서 옵니다.

주위를 둘러보세요 — 어쩌면 당신은 이미 그것을 가지고 있을지도 모릅니다.

 **Check Your Writing**
틀린 부분 수정하기

STEP 03의 지문을 보고 틀린 부분을 꼼꼼히 수정해주세요.

 **Listen Again**
두 번째 듣기

첫 번째 듣기와 달라진 자신의 모습을 확인하세요.

음성 듣기

 **Memorize and Speak**
암기하여 말하기

원어민의 발음과 억양을 최대한 따라하며 말하기 연습을 해보세요.

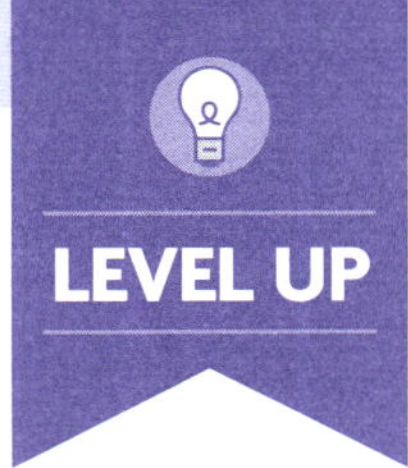

이렇게 영작해 보세요

1. 〈주어 동사 that 주어 동사〉를 활용하여 문장을 만들어 보세요. 이때 〈that 주어 동사〉는 〈주어가 동사하다는 것을〉 또는 〈주어가 동사하다고〉를 의미합니다. 참고로 that은 생략할 수 있어요.

(1) 나는 그가 내 친구라는 것을 압니다.

_____ _________ _________ ______ _______ my friend.

(2) 우리는 정직이 중요하다고 믿습니다.

_______ ___________ _______ __________ ______ important.

(3) 그녀는 피곤하다고 말했습니다.

_________ _________ _________ _________ _________ tired.

(4) 나는 영어가 재미있다고 생각합니다.

_____ _________ _________ ________ ______ interesting.

(5) 그는 내일 비가 올 것이라고 생각합니다.

_______ ________ ________ _______ ________

tomorrow.

(6) 그녀는 나를 도와주겠다고 약속했습니다.

________ _________ ________ ________ _______ me.

2. 〈명사+주어+동사〉를 활용하여 〈주어가 동사하는 명사〉를 표현해 보세요.

(1) 이것은 내가 어제 읽은 책입니다.

This is the ____________ _____ ____________ yesterday.

(2) 그녀는 내가 원했던 드레스를 샀습니다.

She bought the ____________ _____ ____________ .

(3) 나는 네가 나에게 준 펜을 잃어버렸습니다.

I lost the ____________ ____________ ____________ _________ .

(4) 그는 나에게 그녀가 그린 그림을 보여주었습니다.

He showed me the ____________ ____________ ____________ .

(5) 나는 기차에서 읽을 수 있는 무언가가 필요합니다.

I need ______________ _____ ____________ ____________ on the train.

(6) 저는 당신이 원하는 모든 것을 줄 수 있습니다.

I can give you ______________ ____________ ____________ .

Time with Family

가족과 함께하는 시간

STEP 01

Learn Vocabulary
단어 학습하기

important [impɔ́ːrtənt]	형 중요한
even [íːvən]	부 심지어, ~조차도
comfort [ˈkʌmfərt]	명 위로, 위안, 편안함
moment [ˈmoʊ.mənt]	명 순간, 잠깐
while [waɪl]	접 ~하는 동안에
duty [ˈduːti]	명 의무, 책임
spend [spend]	동 (시간을) 보내다, (돈을) 쓰다
care [kɛər]	명 배려, 보살핌
be busy with	~로 바쁘다

STEP 02

Listen First
첫 번째 듣기

세세한 부분까지 모두 들으려 하지 마시고,

가벼운 마음으로 어떤 내용인지만 파악하려고 해보세요.

음성 듣기

Translate into Korean
한 문장씩 해석하기

Time with Family

Family is one of the most important parts of life.

Even a short time together can give us comfort.

We may be busy with work or tired after a long day.

But talking, eating, or laughing with family makes us feel better.

It doesn't need to be a big event.

A small moment like drinking tea together can be special.

Children grow fast, and parents grow old.

So we must enjoy time with them while we can.

Family time is a gift, not a duty.

Let's spend it with love and care.

Write in English
한 문장씩 영작하기

가족은 인생에서 가장 중요한 부분 중 하나입니다.

잠시 함께 있는 시간조차도 우리에게 위안을 줄 수 있습니다.

우리는 일로 바쁘거나, 긴 하루를 보낸 후 지칠 수도 있습니다.

그러나 가족과 이야기하고, 식사하고, 웃는 것은 우리가 더 나은 기분을 느끼도록 만들어 줍니다.

그것이 커다란 행사일 필요는 없습니다.

함께 차를 마시는 것 같은 작은 순간도 특별할 수 있습니다.

아이들은 빠르게 자라고, 부모님은 나이를 먹습니다.

그래서 우리는 할 수 있을 때 그들과의 시간을 즐겨야 합니다.

가족과의 시간은 의무가 아니라 선물입니다.

사랑과 배려로 그 시간을 보냅시다.

Check Your Writing
틀린 부분 수정하기

STEP 03의 지문을 보고 틀린 부분을 꼼꼼히 수정해주세요.

Listen Again
두 번째 듣기

첫 번째 듣기와 달라진 자신의 모습을 확인하세요.

음성 듣기

Memorize and Speak
암기하여 말하기

원어민의 발음과 억양을 최대한 따라하며 말하기 연습을 해보세요.

이렇게 영작해 보세요

1. 〈be동사+명사/형용사〉를 활용하여 〈~이다〉 또는 〈~하다〉를 표현해 보세요.

(1) 우리 아빠는 선생님이십니다.

My ______________ __________ ______ __________________.

(2) 그들은 지금 바쁩니다.

______________ ______________ ______________ ______________.

(3) 그 문제는 심각합니다.

The ______________ __________ ______________.

2. 〈can+동사원형〉을 활용하여 〈~할 수 있다〉를 표현해 보세요.

(1) 나는 영어를 말할 수 있습니다.

I ______________ ______________ ______________.

(2) 그녀는 아름다운 그림을 그릴 수 있습니다.

She ______________ ______________ ______________ ______________.

(3) 우리는 내일 공원에 갈 수 있습니다.

We ______________ __________ ______ ______________ ______________

tomorrow.

3. 〈may+동사원형〉을 활용하여 〈~일지도 모른다〉를 표현해 보세요.

(1) 그는 지금 바쁠지도 모릅니다.

He ___________ _______ __________ now.

(2) 그녀는 답을 알지도 모릅니다.

She ___________ __________ __________ __________.

(3) 그들은 늦게 올지도 모릅니다.

They ___________ __________ __________.

4. 〈must+동사원형〉을 활용하여 〈~해야 한다〉를 표현해 보세요.

(1) 우리는 도서관에서 조용히 해야 합니다.

We ___________ _______ __________ in the library.

(2) 반드시 안전벨트를 매야 합니다.

You ___________ __________ a seat belt.

(3) 우리는 부모님을 존경해야 합니다.

We ___________ __________ our parents.

DAY 10
The Power of Gratitude

감사하는 마음이 주는 힘

STEP 01 — Learn Vocabulary
단어 학습하기

act [ӕkt]	몡 행동, 행위
thank [θӕŋk]	동 ~에게 감사하다
lighter [láitər]	형 더 가벼운
gratitude [grӕtətjùːd]	몡 감사
mean [miːn]	동 의미하다, 뜻하다
mood [muːd]	몡 기분, 분위기
patient [péiʃənt]	형 참을성 있는
focus on	~에 집중하다, 초점을 맞추다
be thankful for	~에 대해 감사하다
bring A into B	A를 B로 가져오다

STEP 02 — Listen First
첫 번째 듣기

세세한 부분까지 모두 들으려 하지 마시고,

가벼운 마음으로 어떤 내용인지만 파악하려고 해보세요.

음성 듣기

The Power of Gratitude

Saying "thank you" is a small act, but it has great power.

When we feel thankful, our hearts become lighter.

Gratitude helps us see the good, even on hard days.

We can thank people around us, or even thank ourselves.

Being thankful doesn't mean life is perfect.

It means we choose to focus on the good.

Writing down three things you are thankful for can change your mood.

Gratitude makes us kinder and more patient.

It brings peace into our daily lives.

A thankful heart is a happy heart.

Write in English
한 문장씩 영작하기

"감사합니다"라고 말하는 것은 작은 행동이지만, 큰 힘을 가지고 있습니다.

우리가 감사하다고 느낄 때, 우리의 마음은 한결 가벼워집니다.

감사하는 마음은 힘든 날에도 좋은 것을 보게 도와줍니다.

우리는 주변 사람들에게, 또는 우리 자신에게도 감사할 수 있습니다.

감사한다는 것은 인생이 완벽하다는 것을 의미하는 것은 아닙니다.

그것은 우리가 좋은 것에 초점을 맞추기로 선택했다는 것을 의미합니다.

당신이 감사한 세 가지를 적는 것은 당신의 기분을 바꿀 수 있습니다.

감사하는 마음은 우리를 더 친절하고 더 인내심 있게 만듭니다.

그것은 우리의 일상에 평화를 가져옵니다.

감사하는 마음은 행복한 마음입니다.

Check Your Writing
틀린 부분 수정하기

STEP 03의 지문을 보고 틀린 부분을 꼼꼼히 수정해주세요.

Listen Again
두 번째 듣기

첫 번째 듣기와 달라진 자신의 모습을 확인하세요.

음성 듣기

Memorize and Speak
암기하여 말하기

원어민의 발음과 억양을 최대한 따라하며 말하기 연습을 해보세요.

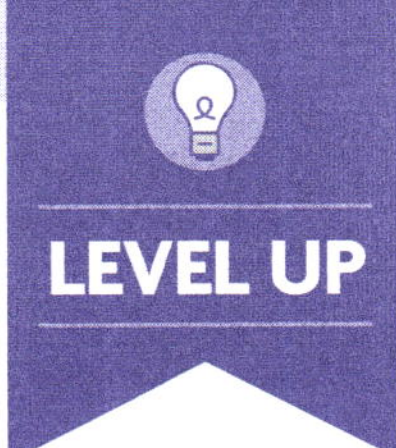

이렇게 영작해 보세요

1. 〈동사ing ~~+단수동사〉를 활용하여 〈~하는 것은 ~하다〉를 영어로 표현해 보세요.

(1) 야채를 먹는 것은 중요하다.

__________ ___________ _______ important.

(2) 인내심을 가지는 것은 항상 쉬운 일은 아니다.

__________ ________ _______ not always easy.

(3) 충분히 자는 것은 아이들에게 필요하다.

__________ _________ _________ _______ necessary for children.

2. 〈become+형용사〉를 활용하여 〈~한 상태가 되다〉를 표현해 보세요.

(1) 그 아이는 하루 종일 놀고 나서 피곤해졌다.

The child __________ __________ after playing all day.

(2) 그녀는 많이 연습한 후 자신감이 생겼다.

She __________ ___________ after practicing a lot.

(3) 어젯밤에 날씨가 추워졌다.

The weather __________ _________ last night.

3. 〈make+명사+형용사〉를 활용하여 〈~을 ~하게 만들다〉를 표현해 보세요.

(1) 그 좋은 소식은 내 하루를 멋지게 만들었다.

The good news __________ _______ ________ __________ .

(2) 그 아름다운 노래는 그 순간을 특별하게 만들었다.

The beautiful song _________ __________ _________ _________ .

4. 〈명사+주어+동사〉를 활용하여 〈주어가 동사하는 명사〉를 표현해 보세요.

(1) 저 사람은 내가 기다리고 있는 친구다.

That is the _________ ____ _______ __________ ________ .

(2) 그는 내 여동생이 이야기하고 있는 남자다.

He is the _________ ______ _________ ______ _________

_______ .

(3) 그는 많은 사람들이 관심을 가지고 있는 배우다.

He is the _________ _________ _________ ________

__________ _______ .

11
Enjoying the Present Moment

✦

지금 이 순간을 즐기기

STEP 01 — Learn Vocabulary
단어 학습하기

happen [hǽpən]	동 일어나다, 발생하다
present [préznt]	형 현재의, 참석한 명 선물
moment [ˈmoʊmənt]	명 순간
truly [trúːli]	부 진정으로
notice [nóutis]	동 알아차리다, 눈치채다
quiet [kwáiət]	명 고요함 형 고요한, 조용한
alive [əláiv]	형 살아 있는, 활기찬
forget to V	~하는 것을 잊다
take a deep breath	숨을 깊이 쉬다
live in the moment	현재(순간)에 집중하며 살다
wait for	~를 기다리다

STEP 02 — Listen First
첫 번째 듣기

세세한 부분까지 모두 들으려 하지 마시고,

가벼운 마음으로 어떤 내용인지만 파악하려고 해보세요.

음성 듣기

Enjoying the Present Moment

Sometimes, we think too much about the past or the future.

We forget to enjoy what is happening right now.

The present moment is the only time we truly have.

Take a deep breath and look around you.

Notice the colors, sounds, and people near you.

Enjoy a warm drink, a smile, or the quiet.

Even small moments can bring peace and joy.

When we live in the moment, we feel more alive.

Don't wait for a perfect time to be happy.

This moment is already a gift.

Write in English
한 문장씩 영작하기

때때로 우리는 과거나 미래에 대해 너무 많이 생각합니다.

우리는 지금 일어나고 있는 일을 즐기는 것을 잊습니다.

현재 이 순간이 우리가 진정으로 가진 유일한 시간입니다.

깊게 숨을 들이쉬고 당신 주변을 둘러보세요.

당신 주변의 색깔들, 소리들, 그리고 사람들을 알아차리세요.

따뜻한 음료나 미소, 혹은 고요함을 즐기세요.

작은 순간들조차 평화와 기쁨을 가져올 수 있습니다.

우리가 현재의 순간에 살 때, 더 살아 있음을 느낍니다.

행복해지기 위한 완벽한 때를 기다리지 다세요.

지금 이 순간이 이미 선물입니다.

 ### Check Your Writing
틀린 부분 수정하기

STEP 03의 지문을 보고 틀린 부분을 꼼꼼히 수정해주세요.

 ### Listen Again
두 번째 듣기

첫 번째 듣기와 달라진 자신의 모습을 확인하세요.

음성 듣기

 ### Memorize and Speak
암기하여 말하기

원어민의 발음과 억양을 최대한 따라하며 말하기 연습을 해보세요.

이렇게 영작해 보세요

1. 〈forget to 동사원형〉을 활용하여 〈(앞으로) ~하는 것을 잊다〉를 표현해 보세요.
또한 〈forget 동사ing〉를 활용하여 〈(과거에) ~한 것을 잊다〉를 표현해 보세요.

(1) 나는 친구에게 전화하는 것을 잊었다.

I ________________________________ my friend.

(2) 나는 친구에게 전화한 것을 잊었다.

I __________________________ my friend.

(3) 그는 문을 잠그는 것을 잊었다.

I __________________________________ the door.

(4) 그는 문을 잠근 것을 잊었다.

I ______________________ the door.

(5) 그녀는 약 먹는 것을 잊었다.

She ____________________________________ her medicine.

(6) 그녀는 약 먹은 것을 잊었다.

She ______________________ her medicine.

2. 〈Don't wait for a perfect time+to 동사원형〉을 활용하여 〈~하기 위한 완벽한 때를 기다리지 마라〉를 표현해 보세요.

(1) 시작하기 위한 완벽한 때를 기다리지 마라.

____

(2) 삶을 바꾸기 위한 완벽한 때를 기다리지 마라.

____ your life.

(3) 누군가를 용서하기 위한 완벽한 때를 기다리지 마라.

____ someone.

(4) 결정을 내리기 위한 완벽한 때를 기다리지 마라.

_____________________________________ a decision.

(5) 미안하다고 말하기 위한 완벽한 때를 기다리지 마라.

____ sorry.

(6) 사랑을 표현하기 위한 완벽한 때를 기다리지 마라.

______________________________________ your love.

Values over Success

성공보다 중요한 가치

STEP 01 Learn Vocabulary
단어 학습하기

value [vǽljuː]	명 가치
success [səksés]	명 성공
fame [feim]	명 명성, 명예
replace [ripléis]	동 대체하다, 대신하다
honesty [ánisti]	명 정직
integrity [intégrəti]	명 올바른 마음, 진실성
conscience [kánʃəns]	명 양심, 의식
belief [bilíːf]	명 믿음
fade [feid]	동 사라지다, 흐려지다
character [kǽriktər]	명 인격, 성격
remain [riméin]	동 남다, ~인 상태로 있다
reward [riwɔ́ːrd]	명 보상
stand by	~을 지키다, ~을 지지하다
trade A for B	A를 B와 바꾸다, A 대신 B를 선택하다

STEP 02 Listen First
첫 번째 듣기

세세한 부분까지 모두 들으려 하지 마시고,

가벼운 마음으로 어떤 내용인지만 파악하려고 해보세요.

음성 듣기

STEP 03 — **Translate into Korean**
한 문장씩 해석하기

Values over Success

Success means little if you lose your values.

Money and fame can't replace honesty.

True success comes from living with integrity.

Doing the right thing is not always easy.

But peace comes from a clear conscience.

People respect those who stand by their beliefs.

Values guide you when the world changes.

Success fades, but character remains.

Don't trade your values for quick rewards.

Choose what is right, not what is easy.

Write in English
한 문장씩 영작하기

당신이 자신의 가치를 잃는다면, 성공은 큰 의미가 없습니다.

돈과 명성은 정직을 대신할 수 없습니다.

진정한 성공은 올바른 마음으로 사는 데서 옵니다.

옳은 일을 하는 것은 언제나 쉬운 일은 아닙니다.

그러나 평화는 깨끗한 양심에서 옵니다.

사람들은 자신의 신념을 지키는 사람을 존경합니다.

세상이 변할 때, 가치관이 당신을 이끌어 줍니다.

성공은 사라지지만, 인격은 남습니다.

빠른 보상과 당신의 가치를 바꾸지 마세요. (= 눈앞의 이익 때문에 당신의 가치를 버리지 마세요.)

쉬운 것이 아니라, 옳은 것을 선택하세요.

Check Your Writing
틀린 부분 수정하기

STEP 03의 지문을 보고 틀린 부분을 꼼꼼히 수정해주세요.

Listen Again
두 번째 듣기

첫 번째 듣기와 달라진 자신의 모습을 확인하세요.

음성 듣기

Memorize and Speak
암기하여 말하기

원어민의 발음과 억양을 최대한 따라하며 말하기 연습을 해보세요.

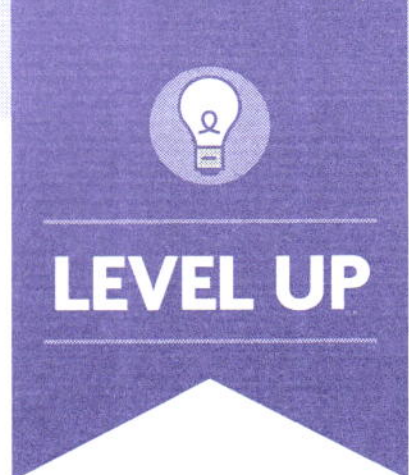

이렇게 영작해 보세요

1. ⟨not always⟩를 활용하여 ⟨항상 ~한 것은 아니다⟩를 표현해 보세요.

(1) 비싼 음식이 항상 맛있는 것은 아니다.

Expensive food ＿＿＿＿＿ ＿＿＿＿＿＿ ＿＿＿＿＿＿ ＿＿＿＿＿＿＿.

(2) 일기예보가 항상 정확한 것은 아니다.

The weather forecast ＿＿＿＿＿ ＿＿＿＿＿＿ ＿＿＿＿＿＿ ＿＿＿＿＿.

(3) 노력이 항상 성공으로 이어지는 것은 아니다.

Hard work ＿＿＿＿＿＿ ＿＿＿＿＿ ＿＿＿＿＿ ＿＿＿＿＿

＿＿＿＿＿ ＿＿＿＿＿.

2. ⟨those who 동사⟩를 활용하여 ⟨~하는 사람들⟩을 표현해 보세요.

(1) 자주 웃는 사람들은 다른 사람들을 기분 좋게 만든다.

＿＿＿＿＿＿ ＿＿＿＿＿ ＿＿＿＿＿ often make others feel good.

(2) 주의 깊게 듣는 사람들은 더 많이 배운다.

＿＿＿＿＿＿ ＿＿＿＿＿ ＿＿＿＿＿ carefully learn more.

(3) 다른 사람을 돕는 사람들은 존경받는다.

＿＿＿＿＿＿ ＿＿＿＿＿ ＿＿＿＿＿ others are respected.

3. 〈come from〉을 활용하여 〈~에서 나온다, ~에서 비롯된다〉를 표현해 보세요.

(1) 우리의 행복은 작은 것들에서 온다.

__________ __________ __________ __________ small things.

(2) 그의 힘은 가족의 지원에서 나온다.

__________ __________ __________ __________ his family's support.

(3) 그 문제는 소통 부족에서 비롯된다.

__________ __________ __________ __________ a lack of

communication.

4. 〈what+be동사+형용사〉를 활용하여 〈~한 것〉을 표현해 보세요.

(1) 인기 있는 것이 항상 옳은 것은 아니다.

__________ _______ __________ is not always right.

(2) 나는 오직 필요한 것만 하고 싶다.

I want to do only __________ _______ __________ .

(3) 그녀는 잘못된 것을 바꾸려고 노력했다.

She tried to change __________ __________ __________ .

18

Simple Meals for Health

✦

건강을 위한 소박한 식사

STEP 01 — Learn Vocabulary
단어 학습하기

healthy [hélθi]	형 건강한, 건강에 좋은
fancy [fǽnsi]	형 근사한, 화려한
enough [inʌ́f]	형 충분한 부 충분히
soda [sóudə]	명 탄산음료
follow [fálou]	동 따르다
diet [dáiət]	명 식단, 다이어트
balanced [bǽlənst]	형 균형잡힌
affect [əfékt]	동 영향을 주다
home-cooked	집에서 요리한
be good for	~에 좋다
instead of	~ 대신에

STEP 02 — Listen First
첫 번째 듣기

세세한 부분까지 모두 들으려 하지 마시고,

가벼운 마음으로 어떤 내용인지만 파악하려고 해보세요.

음성 듣기

Simple Meals for Health

Healthy food does not need to be fancy.

Rice, vegetables, eggs, and soup can be enough.

Try to eat less salt, sugar, and oil.

Colorful fruits and vegetables are good for you.

Eating slowly helps your body feel full.

Home-cooked meals are usually healthier than fast food.

Drink water instead of soda or juice.

You don't need to follow a special diet—just eat balanced meals.

What you eat affects how you feel.

Simple, healthy food can keep you strong every day.

건강한 음식이 꼭 화려할 필요는 없습니다.

밥, 채소, 달걀, 그리고 국만으로도 충분할 수 있습니다.

소금, 설탕, 그리고 기름을 덜 먹도록 하세요.

다양한 색깔의 과일과 채소는 당신의 건강에 좋습니다.

천천히 먹는 것은 몸이 포만감을 느끼도록 도와줍니다.

집에서 만든 식사는 보통 패스트푸드보다 더 건강합니다.

탄산음료나 주스 대신 물을 마시세요.

특별한 식단을 따를 필요는 없습니다—그저 균형 잡힌 식사를 하세요.

당신이 먹는 것이 당신이 느끼는 방식에 영향을 줍니다.
(당신이 먹는 것이 당신의 기분과 몸 상태에 영향을 줍니다.)

단순하고 건강한 음식은 당신을 매일 건강하게 유지시켜 줍니다.

Check Your Writing
틀린 부분 수정하기

STEP 03의 지문을 보고 틀린 부분을 꼼꼼히 수정해주세요.

Listen Again
두 번째 듣기

첫 번째 듣기와 달라진 자신의 모습을 확인하세요.

음성 듣기

Memorize and Speak
암기하여 말하기

원어민의 발음과 억양을 최대한 따라하며 말하기 연습을 해보세요.

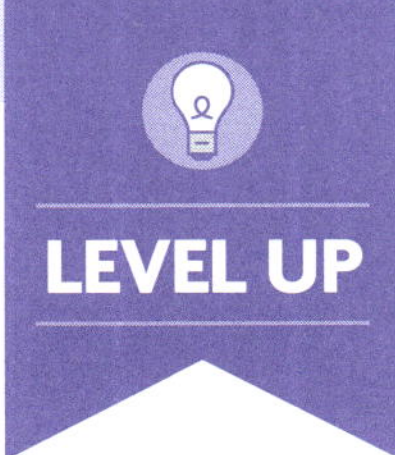

이렇게 영작해 보세요

1. 〈don't need to 동사원형〉을 활용하여 〈~할 필요 없다〉를 표현해 보세요.

(1) 당신이 모든 걸 설명할 필요 없어요.

You ＿＿＿＿＿＿ ＿＿＿＿＿＿ ＿＿＿＿ ＿＿＿＿＿＿ everything.

(2) 그는 아무 것도 가져올 필요 없어요.

He ＿＿＿＿＿＿ ＿＿＿＿＿＿ ＿＿＿＿ ＿＿＿＿＿ anything.

(3) 당신은 돈에 대해 걱정할 필요 없어요. 전부 무료예요.

You ＿＿＿＿＿＿ ＿＿＿＿＿＿ ＿＿＿＿ ＿＿＿＿＿ about money. It's

all free.

2. 〈비교급+than〉을 활용하여 〈~보다 더 ~한/하게〉를 표현해 보세요.

(1) 오늘이 어제보다 더 추워요.

Today ＿＿＿＿＿ ＿＿＿＿＿＿ ＿＿＿＿＿ yesterday.

(2) 그는 보기보다 더 어려 보여요.

He ＿＿＿＿＿ ＿＿＿＿＿ ＿＿＿＿＿ he looks.

(3) 나에게 수학은 영어보다 더 어려워요.

Math ＿＿＿＿＿ ＿＿＿＿＿ ＿＿＿＿＿ ＿＿＿＿＿ English for me.

3. 〈keep+명사+형용사〉를 활용하여 〈~를 ~하게 유지하다〉를 표현해 보세요.

(1) 손을 깨끗하게 유지하세요.

__________ __________ __________ __________.

(2) 몸을 건강하게 유지하려면 물을 마셔요.

Drink water to __________ __________ __________ __________.

(3) 긍정적인 생각은 마음을 강하게 유지시켜요.

Positive thoughts __________ __________ __________ __________.

4. 〈how 주어 동사〉를 활용하여 〈어떻게 ~가 ~하는지〉 또는 〈~가 ~하는 방법/방식〉을 표현해 보세요.

(1) 나는 네가 어떻게 느끼는지 안다.

I know __________ __________ __________.

(2) 이 이야기가 어떻게 끝나는지 기억하나요?

Do you remember __________ __________ __________ __________?

(3) 그들은 사람들이 고대에 어떻게 살았는지를 배웠다.

They learned __________ __________ __________ in ancient times.

Stress and How to Manage It

스트레스와 그 해소법

STEP 01 Learn Vocabulary
단어 학습하기

cause [kɔːz]	동 ~의 원인이 되다, 초래하다
breathing [bríːðiŋ]	명 호흡
calm [kɑːm]	형 차분한
trust [trʌst]	동 믿다, 신뢰하다
clear [kliər]	동 깨끗이 하다, 정리하다
thought [θɔːt]	명 생각
avoid [əvɔ́id]	동 피하다, 회피하다
manage [mǽnidʒ]	동 관리하다, 다루다
selfish [sélfiʃ]	형 이기적인
take short breaks	짧은 휴식을 취하다
during the day	낮 동안에, 하루 동안에
write in a journal	일기에 쓰다, 일기를 쓰다
take care of	~를 돌보다

STEP 02 Listen First
첫 번째 듣기

세세한 부분까지 모두 들으려 하지 마시고,

가벼운 마음으로 어떤 내용인지만 파악하려고 해보세요.

음성 듣기

Translate into Korean
한 문장씩 해석하기

Stress and How to Manage It

Everyone feels stress sometimes.

Work, money, or family problems can cause it.

Too much stress can hurt your body and mind.

Take short breaks during the day to relax.

Deep breathing or light exercise can help you feel calm.

Talk to someone you trust.

Writing in a journal also helps clear your thoughts.

Do something you enjoy—like listening to music, reading, or walking.

You cannot avoid all stress, but you can manage it.

Taking care of yourself is not selfish—it's smart.

Write in English
한 문장씩 영작하기

누구나 때때로 스트레스를 느낍니다.

일, 돈, 혹은 가족 문제들이 그것의 원인이 될 수 있습니다.

지나친 스트레스는 당신의 몸과 마음을 해칠 수 있습니다.

하루 중 마음을 편히 하기 위해 짧은 휴식을 취하세요.

깊게 숨을 쉬는 것 또는 가벼운 운동은 당신이 마음을 차분히 하는데 도움을 줄 수 있습니다.

당신이 믿는 사람과 이야기를 나누세요.

일기를 쓰는 것도 당신의 생각을 정리하는 데 도움을 줄 수 있습니다.

음악 듣기, 독서, 걷기처럼 당신이 즐기는 일을 해보세요.

모든 스트레스를 피할 수는 없지만, 그것을 다스릴 수는 있습니다.

자신을 돌보는 것은 이기적인 일이 아니라 현명한 일입니다.

Check Your Writing
틀린 부분 수정하기

STEP 03의 지문을 보고 틀린 부분을 꼼꼼히 수정해주세요.

Listen Again
두 번째 듣기

첫 번째 듣기와 달라진 자신의 모습을 확인하세요.

음성 듣기

Memorize and Speak
암기하여 말하기

원어민의 발음과 억양을 최대한 따라하며 말하기 연습을 해보세요.

이렇게 영작해 보세요

1. 〈help+명사+(to) 동사원형〉을 활용하여 〈~가 ~하는 것을 도와주다〉를 표현해 보세요.

(1) 나는 동생이 방을 청소하도록 도왔어요.

I ___________ ________ ___________ __________ his room.

(2) 엄마가 저녁을 요리하도록 도와주셨어요.

My mom ___________ ________ __________ dinner.

(3) 그는 친구가 무거운 상자를 나르도록 도왔어요.

He ___________ ________ __________ __________ the heavy box.

2. 〈help+(to) 동사원형〉을 활용하여 〈~하는데 도움이 되다〉를 표현해 보세요.

(1) 운동은 튼튼한 근육을 만드는 데 도움이 된다.

Exercise ___________ __________ strong muscles.

(2) 독서는 어휘력을 향상시키는 데 도움이 된다.

Reading ___________ __________ your vocabulary.

(3) 좋은 수면은 스트레스를 줄이는 데 도움이 된다.

Good sleep ___________ __________ stress.

3. 〈someone+주어+동사〉를 활용하여 〈~가 ~하는 누군가〉를 표현해 보세요.

(1) 사람들이 믿을 수 있는 누군가가 필요해요.

I need _______________ ___________ ___________ ___________.

(2) 그녀는 모두가 좋아하는 누군가를 만났어요.

She met _______________ ___________ ___________.

(3) 그는 많은 사람들이 존경하는 사람입니다.

He is _______________ ___________ ___________ ___________.

4. 〈something+주어+동사〉를 활용하여 〈~가 ~하는 어떤 것〉을 표현해 보세요.

(1) 모두가 좋아하는 무언가를 원해요.

I want _______________ _____________ ___________.

(2) 나는 네가 먹을 수 있는 무언가를 찾고 있다-.

I'm looking for _______________ ___________ ___________ ___________.

(3) 그녀는 어머니가 하신 말씀을 기억했어요.

She remembered _______________ ___________ ___________

___________.

15

Keeping Your
Body Active

몸을 활발히 움직이기

STEP 01 **Learn Vocabulary**
단어 학습하기

active [ǽktiv]	형 활동적인, 적극적인
lift [lift]	동 들어올리다
heavy [hévi]	형 무거운
weight [weit]	명 무게, 중량
stretch [stretʃ]	동 스트레칭하다
improve [imprúːv]	동 개선하다, 좋게 하다
reduce [ridjúːs]	동 줄이다
muscle [mʌsl]	동 근육
self [self]	명 자기, 자아

STEP 02 **Listen First**
첫 번째 듣기

세세한 부분까지 모두 들으려 하지 마시고,

가벼운 마음으로 어떤 내용인지만 파악하려고 해보세요.

음성 듣기

Translate into Korean
한 문장씩 해석하기

Keeping Your Body Active

An active body helps you stay healthy and strong.

You don't need to run fast or lift heavy weights.

Simple things like walking, stretching, or dancing are enough.

Try to move a little each day.

Exercise can also improve your mood and reduce stress.

It helps your heart, muscles, and even your sleep.

You can move at home, in the park, or with a friend.

Choose something you enjoy, and it's easy to keep going.

Staying active is not just for the young.

It's a gift you give to your future self.

Write in English
한 문장씩 영작하기

활동적인 몸은 당신이 건강하고 강하게 지내도록 도와줍니다.

빠르게 달리거나 무거운 것을 들어 올릴 필요는 없습니다.

걷기, 스트레칭, 춤추기 같은 단순한 활동만으로도 충분합니다.

매일 조금씩 움직이도록 하세요.

운동은 또한 기분을 좋게 하고 스트레스를 줄여줍니다.

그것은 심장과 근육, 그리고 심지어 수면에도 도움을 줍니다.

당신은 집에서나 공원에서, 혹은 친구와 함께 움직일 수 있습니다.

당신이 즐기는 것을 선택하면, 꾸준히 이어가기 쉬워집니다.

활동적으로 지내는 것은 젊은이들만을 위한 것이 아닙니다.

그것은 당신이 미래의 당신에게 주는 선물입니다.

 ## Check Your Writing
STEP 05 틀린 부분 수정하기

STEP 03의 지문을 보고 틀린 부분을 끔꼼히 수정해주세요.

 ## Listen Again
STEP 06 두 번째 듣기

첫 번째 듣기와 달라진 자신의 모습을 확인하세요.

음성 듣기

 ## Memorize and Speak
STEP 07 암기하여 말하기

원어민의 발음과 억양을 최대한 따라하며 말하기 연습을 해보세요.

이렇게 영작해 보세요

1. 〈stay+형용사〉를 활용하여 〈~한 상태를 유지하다〉를 표현해 보세요.

(1) 잘 먹어서 건강하게 지내세요.

__________ __________ ________ __________ well.

(2) 다른 모든 사람이 당황할 때 그녀는 침착하게 있었다.

__________ __________ __________ while everyone else panicked.

(3) 힘들 때에도 긍정적으로 지내요.

__________ __________ __________ even when things are hard.

2. 〈the+형용사〉를 활용하여 〈~하는 사람들〉을 표현해 보세요.

(1) 나는 영어를 말할 수 있습니다.

__________ __________ never give up.

(2) 부자는 가난한 사람들을 도와야 한다.

__________ __________ should help __________ __________.

(3) 젊은 사람들은 빨리 배우지만, 나이 든 사람들은 지혜롭다.

__________ __________ learn quickly, but __________ __________

are wise.

3. 〈It is+형용사+to 동사원형〉을 활용하여 〈~하는 것은 ~하다〉를 표현해 보세요.

(1) 새로운 언어를 배우는 것은 쉽지 않다.

______ ______ ______ ______ ______ ______ a

new language.

(2) 매일 아침 식사를 하는 것은 중요하다.

______ ______ ______ ______ ______

______ every morning.

(3) 이 일을 하루 만에 끝내는 것은 불가능하다.

______ ______ ______ ______ ______ this work in

one day.

(4) 새로운 곳으로 여행을 가는 것은 신나는 일이다.

______ ______ ______ ______ ______ to new places.

(5) "고맙습니다"라고 말하는 것은 예의 바른 일이다.

______ ______ ______ ______ ______ thank you.

16

Starting Something New

새로운 것을 시작하기

Learn Vocabulary
단어 학습하기

scary [skέəri]	형 무서운, 두려운
exciting [iksáitiŋ]	형 신나는, 흥미진진한
hobby [hάbi]	명 취미
fear [fiər]	명 두려움, 공포
at first	처음에는
be patient with	~에게 인내심을 가지다
stop ~ from Ving	~가 ~하지 못하게 하다

Listen First
첫 번째 듣기

세세한 부분까지 모두 들으려 하지 마시고,

가벼운 마음으로 어떤 내용인지만 파악하려고 해보세요.

음성 듣기

STEP 03 — Translate into Korean
한 문장씩 해석하기

Starting Something New

Trying something new can feel scary.

But it can also be fun and exciting.

You can start a new hobby, job, or class.

You don't have to be perfect at first.

Everyone learns by trying and failing.

Take small steps, and be patient with yourself.

New things bring new ideas and friends.

Don't let fear stop you from growing.

You are never too old to begin again.

A new start can bring new joy.

새로운 것을 시도하는 것은 두렵게 느껴질 수 있습니다.

하지만 그것은 또한 재미있고 신나는 일이 될 수도 있습니다.

당신은 새로운 취미, 일, 혹은 수업을 시작할 수 있습니다.

처음부터 완벽할 필요는 없습니다.

모든 사람은 시도하고 실패하면서 배웁니다.

작은 걸음부터 내딛고, 자신에게 인내심을 가지세요.

새로운 것들은 새로운 생각과 친구들을 데려옵니다.

두려움이 당신이 성장하는 것을 막지 못하게 하세요.

당신은 다시 시작하기에 결코 나이가 많지 않습니다.

(=다시 시작하기에 너무 늦은 나이는 없습니다.)

새로운 시작은 새로운 기쁨을 가져올 수 있습니다.

Check Your Writing
틀린 부분 수정하기

STEP 03의 지문을 보고 틀린 부분을 꼼꼼히 수정해주세요.

Listen Again
두 번째 듣기

첫 번째 듣기와 달라진 자신의 모습을 확인하세요.

음성 듣기

Memorize and Speak
암기하여 말하기

원어민의 발음과 억양을 최대한 따라하며 말하기 연습을 해보세요.

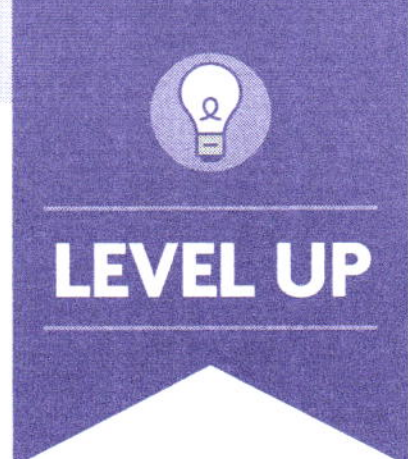

이렇게 영작해 보세요

1. 〈don't have to 동사원형〉을 활용하여 〈~할 필요가 없다〉를 표현해 보세요.

(1) 오늘은 일찍 일어날 필요 없어요.

I ____________ ____________ ________ ____________ up early today.

(2) 지금 당장 대답할 필요 없어요.

You ____________ ____________ ________ ____________ right now.

(3) 그녀는 오늘 저녁을 요리할 필요가 없어요.

She ____________ ____________ ________ ____________ dinner tonight.

2. 〈let+명사+동사원형〉을 활용하여 〈~가 ~하게 두다/허락하다〉를 표현해 보세요.

(1) 그는 그의 개가 공원에서 뛰어놀게 했어요.

He ____________ ____________ ____________ ____________ in the park.

(2) 엄마는 내가 친구들과 나가도록 허락하셨어요.

My mom ____________ ________ ________ out with my friends.

(3) 두려움이 당신의 삶을 지배하게 두지 마세요.

Don't ____________ ____________ ____________ your life.

3. 〈stop ~ from 동사ing〉를 활용하여 〈~가 ~ㅎ-지 못하게 하다〉를 표현해 보세요.

(1) 비가 우리를 밖에 나가지 못하게 막았어요.

The rain ____________ ________ ____________ __________ outside.

(2) 두려움은 종종 우리가 새로운 것을 시도하지 못하게 해요.

Fear often ____________ ________ ____________ __________ new things.

(3) 아무것도 내가 큰 꿈을 꾸는 것을 막을 수 없어요.

Nothing can ___________ ________ ____________ __________ big.

4. 〈never too+형용사+to 동사원형〉을 활용하여 〈~하기에 결코 ~하지 않다〉를 표현해 보세요.

(1) 당신의 삶을 바꾸기엔 결코 늦지 않았어요.

It's ___________ __________ ____________ ________ __________ your

life.

(2) 미래를 준비하기엔 결코 너무 이르지 않아요.

It's ___________ __________ ____________ ________ __________ for

the future.

Finding Joy in Effort

노력 속에서 기쁨 찾기

Learn Vocabulary
단어 학습하기

effort [éfərt]	몡 노력
result [rizʌlt]	몡 결과
inner [ínər]	혱 내면의, 내부의, 내적인
strength [streŋkθ]	몡 힘, 강점
outcome [auˈtkəˌm]	몡 결과
process [práses]	몡 과정
growth [grouθ]	몡 성장
struggle [strʌgl]	몡 힘든 일, 고난, 투쟁
ordinary [ɔ́ːrdənèri]	혱 평범한, 일반적인, 보통의
meaningful [míːniŋfəl]	혱 의미있는
pride [praid]	몡 자부심
focus on	~에 집중하다, 초점을 맞추다

Listen First
첫 번째 듣기

세세한 부분까지 모두 들으려 하지 마시고,

가벼운 마음으로 어떤 내용인지만 파악하려고 해보세요.

음성 듣기

 Translate into Korean
한 문장씩 해석하기

Finding Joy in Effort

We often focus only on results, not on effort.

But true joy comes from giving your best.

When you work hard, you respect yourself more.

Even if you fail, effort builds inner strength.

Don't rush to see the outcome, and enjoy the process.

Growth happens in moments of struggle.

Effort turns ordinary days into meaningful ones.

People remember not only what you did, but how you did it.

Pride comes from honest work, not easy wins.

Find happiness not only in the result but also in the effort.

Write in English
한 문장씩 영작하기

우리는 종종 노력보다는 결과에만 집중합니다.

하지만 진정한 기쁨은 최선을 다하는 데서 옵니다.

당신이 열심히 일할 때, 자신을 더 존중하게 됩니다.

비록 실패하더라도, 노력은 내적인 힘을 길러줍니다.

결과를 서둘러 보려 하지 말고, 그 과정을 즐기세요.

성장은 고난의 순간 속에서 일어납니다.

노력은 평범한 날들을 의미 있는 날들로 바꿉니다.

사람들은 당신이 무엇을 했는지만이 아니라, 그것을 어떻게 했는지도 기억합니다.

자부심은 쉬운 승리가 아니라, 정직한 일(노력)에서 옵니다.

결과에서뿐만 아니라 노력에서도 행복을 찾으세요.

Check Your Writing
틀린 부분 수정하기

STEP 03의 지문을 보고 틀린 부분을 꼼꼼히 수정해주세요.

Listen Again
두 번째 듣기

첫 번째 듣기와 달라진 자신의 모습을 확인하세요.

음성 듣기

Memorize and Speak
암기하여 말하기

원어민의 발음과 억양을 최대한 따라하며 말하기 연습을 해보세요.

이렇게 영작해 보세요

1. 〈B, not A〉를 활용하여 〈A가 아니라 B〉를 표현해 보세요.

(1) 나는 커피가 아니라 차를 원해요.

I want tea, ___________ ___________.

(2) 그녀는 치마가 아니라 드레스를 샀다.

She bought a dress, ___________ _____ ___________.

(3) 그가 무슨 말을 하는지가 아니라 어떻게 행동하는지를 봐라.

Watch how he acts, ___________ ___________ _________ ___________.

2. 〈turn A into B〉를 활용하여 〈A를 B로 바꾸다〉를 표현해 보세요.

(1) 노력은 꿈을 현실로 바꿀 수 있다.

Hard work can ___________ _____ ___________ ___________

___________.

(2) 그녀는 취미를 직업으로 바꾸었다.

She ___________ ___________ ___________ ___________ a job.

(3) 친절한 말이 분노를 평화로 바꿀 수 있다.

Kind words can ___________ ___________ ___________ ___________.

3. ⟨not only A but also B⟩를 활용하여 ⟨A뿐만 아니라 B도⟩를 표현해 보세요.

(1) 그녀는 똑똑할 뿐만 아니라 친절하다.

She is __________ __________ __________ __________ __________

__________.

(2) 이 식당은 저렴할 뿐만 아니라 맛도 있다.

This restaurant is __________ __________ __________ __________

__________ __________.

(3) 그는 나의 선생님일 뿐만 아니라 친구이기도 하다.

He is __________ __________ __________ __________ __________

__________ __________ __________.

(4) 그 책은 인기가 있을 뿐만 아니라 의미도 깊다.

The book is __________ __________ __________ __________

__________ __________.

(5) 그녀는 노래를 아름답게 부를 뿐만 아니라 직접 노래도 쓴다.

She __________ __________ __________ beautifully __________

__________ __________ her own songs.

18

Money and
a Simple Life

돈과 단순한 삶

STEP 01 · Learn Vocabulary
단어 학습하기

happiness [hǽpinis]	몡 행복
simply [símpli]	뷔 단순히, 그저
nature [néitʃər]	몡 자연
useful [júːsfəl]	혱 유용한, 쓸모 있는
not always	항상 ~한 것은 아니다
compare A to B	A와 B를 비교하다
each month	매달

STEP 02 · Listen First
첫 번째 듣기

세세한 부분까지 모두 들으려 하지 마시고,

가벼운 마음으로 어떤 내용인지만 파악하려고 해보세요.

음성 듣기

STEP 03 · Translate into Korean
한 문장씩 해석하기

Money and a Simple Life

Many people think more money means more happiness.

But that is not always true.

Living simply can bring more peace.

Buy only what you really need.

Enjoy free things like nature, books, or time with friends.

Don't compare your life to others'.

Saving a little each month can help you feel safe.

Money is useful, but not everything.

A simple life gives you time, space, and joy.

Happiness doesn't always come with money.

STEP 04 Write in English
한 문장씩 영작하기

많은 사람들은 돈이 많을수록 더 행복하다고 생각합니다.

하지만 그것은 항상 사실이 아닙니다.

소박하게 사는 것은 더 큰 평화를 가져올 수 있습니다.

정말로 필요한 것만 사세요.

자연, 책, 혹은 친구와 보내는 시간처럼 무료로 즐길 수 있는 것들을 즐기세요.

자신의 삶을 다른 사람의 삶과 비교하지 마세요.

매달 조금씩 저축하는 것은 당신이 더 안정감을 느끼게 도와줍니다.

돈은 유용하지만, 전부는 아닙니다

단순한 삶은 당신에게 시간과 여유, 그리그 기쁨을 줍니다.

행복은 항상 돈과 함께 오는 것은 아닙니다.

Check Your Writing
틀린 부분 수정하기

STEP 03의 지문을 보고 틀린 부분을 곰곰히 수정해주세요.

Listen Again
두 번째 듣기

첫 번째 듣기와 달라진 자신의 모습을 확인하세요.

음성 듣기

Memorize and Speak
암기하여 말하기

원어민의 발음과 억양을 최대한 따라하며 말하기 연습을 해보세요.

이렇게 영작해 보세요

1. 〈not always〉를 활용하여 〈항상 ~한 것은 아니다〉를 표현해 보세요.

(1) 4월의 날씨가 항상 좋은 것은 아니다.

The weather is ___________ ___________ ___________ in April.

(2) 버스가 항상 제시간에 오는 것은 아니다.

The bus is ___________ ___________ ___________ ___________.

(3) 기술이 항상 도움이 되는 것은 아니다.

Technology is ___________ ___________ ___________.

2. 〈what 주어 동사〉를 활용하여 〈~가 ~하는 것〉을 표현해 보세요.

(1) 나는 네가 쓴 것을 좋아한다.

I like ___________ ___________ ___________.

(2) 그들은 네가 가진 것을 필요로 한다.

They need ___________ ___________ ___________.

(3) 그는 그녀가 잃어버린 것을 찾았다.

He found ___________ ___________ ___________.

3. 〈주어1 동사1 주어2 동사2〉에서 〈주어2+동사2〉를 활용하여 〈주어가 동사하다 는 것을〉 또는 〈주어가 동사하다고〉를 표현해 보세요.

(1) 나는 그가 좋은 사람이라고 생각한다.

_____ _________ _______ _______ a good person.

(2) 그는 어제 바빴다고 말했다.

________ _________ _______ _________ busy yesterday.

(3) 그는 정직이 항상 이긴다고 믿는다.

________ ________ __________ _________ _________.

(4) 그녀는 인생이 놀라움으로 가득하다고 생각한다.

__________ __________ _________ _______ full of surprises.

(5) 많은 사람들은 운동이 지루하다고 생각한다.

__________ ________ _________ __________ ________

boring.

Using Time Well

시간을 잘 쓰는 법

Learn Vocabulary
STEP 01 단어 학습하기

once [wʌns]	접 일단 ~하면
wisely [wáizli]	부 현명하게
loved [lʌvd]	형 사랑받는, 소중한
get back	되돌아오다/가다, 되찾다
be gone	사라지다, 없어지다, 떠나 있다
make a list of	~의 목록을 만들다
stay fresh	활력을 유지하다
spend+돈/시간+on	~에 돈/시간을 쓰다
lead to	~로 이어지다

Listen First
STEP 02 첫 번째 듣기

세세한 부분까지 모두 들으려 하지 마시고,

가벼운 마음으로 어떤 내용인지만 파악하려고 해보세요.

음성 듣기

Translate into Korean
한 문장씩 해석하기

Using Time Well

Time is something we can never get back.

Once it is gone, it's gone forever.

So it's important to use time wisely.

Make a list of what you want to do each day.

Do the most important things first.

Take short breaks to stay fresh.

Don't spend too much time on your phone or TV.

Use free time to rest, read, or talk with loved ones.

A little planning can help you feel more peaceful.

Good time use leads to a better life.

Write in English
한 문장씩 영작하기

시간은 우리가 결코 되돌릴 수 없는 것입니다.

일단 한번 지나가면, 영원히 사라집니다.

그러므로 시간을 현명하게 사용하는 것이 중요합니다.

매일 하고 싶은 일들의 목록을 만드세요.

가장 중요한 일부터 하세요.

활력을 유지하기 위해 짧은 휴식을 취하세요.

휴대폰이나 TV에 너무 많은 시간을 쓰지 마세요.

쉬거나, 책을 읽거나, 사랑하는 사람들과 이야기하기 위해 자유시간을 사용하세요.

약간의 계획만으로도 마음이 한결 편안해질 수 있습니다.

시간을 잘 사용하는 것은 더 나은 삶으로 이어집니다.

 **Check Your Writing**
틀린 부분 수정하기

STEP 03의 지문을 보고 틀린 부분을 꼼꼼히 수정해주세요.

Listen Again
두 번째 듣기

첫 번째 듣기와 달라진 자신의 모습을 확인하세요.

음성 듣기

Memorize and Speak
암기하여 말하기

원어민의 발음과 억양을 최대한 따라 하며 말하기 연습을 해보세요.

이렇게 영작해 보세요

1. 〈once 주어 동사〉를 활용하여 〈일단 ~하면〉을 표현해 보세요.

   (1) 일단 네가 시도해 보면, 이해할 것이다.

   ______________ ______________ ______________, you will understand.

   (2) 일단 네가 시작하면, 멈출 수 없다.

   ______________ ______________ ______________, you can't stop.

   (3) 일단 네 자신을 믿으면, 무엇이든 가능하다.

   ______________ ______________ ______________ in yourself, anything is possible.

2. 〈the 최상급〉을 활용하여 〈가장 ~한〉을 표현해 보세요.

   (1) 그는 팀에서 가장 인기 있는 선수이다.

   He is ______________ ______________ ______________ ______________ on the team.

   (2) 이 공원은 도시에서 가장 평화로운 곳이다.

   This park is ______________ ______________ ______________ ______________ in the

   city.

   (3) 그는 인생에서 가장 중요한 결정을 내렸다.

   He made ______________ ______________ ______________ ______________ of his life.

3. 〈It is important to 동사원형〉을 활용하여 〈~하는 것이 중요하다〉를 표현해 보세요.

(1) 잘 자는 것이 중요하다.

________ ________ ____________ ________ __________ well.

language.

(2) 손을 씻는 것이 중요하다.

________ ________ ____________ ________ __________ your hands.

(3) 건강한 음식을 먹는 것이 중요하다.

________ ________ ____________ ________ __________ healthy

food.

4. 〈원인 lead to 결과〉를 활용하여 〈~로 이어지다, 결과를 초래하다〉를 영어로 표현해 보세요.

(1) 흡연은 암으로 이어질 수 있다.

Smoking __________ __________ ________ cancer.

(2) 잘못된 식습관은 많은 건강 문제로 이어진다.

A poor diet __________ ________ many health problems.

(3) 노력과 인내가 그의 성공으로 이어졌다.

Hard work and patience __________ ________ __________

__________.

DAY

20

Morning
Sets the Tone

아침이 하루를 만든다

Learn Vocabulary
단어 학습하기

shape [ʃeip]	명 형성하다, 만들다
whole [houl]	형 전체의
breathe [briːð]	동 숨쉬다, 호흡하다
purpose [ˈpɜːrpəs]	명 목적
mindful [máindfəl]	형 마음을 쓰는, 신중한
habit [hǽbit]	명 습관
decision [disíʒən]	명 결정
gratitude [grǽtətjùːd]	명 감사, 고마움
complaint [kəmpléint]	명 불평, 불만
decide [disáid]	동 결정하다
set the tone	분위기, 흐름 등을 만들다
take time	시간을 내다, 시간이 걸리다

Listen First
첫 번째 듣기

세세한 부분까지 모두 들으려 하지 마시고,

가벼운 마음으로 어떤 내용인지만 파악하려고 해보세요.

Translate into Korean
한 문장씩 해석하기

Morning Sets the Tone

The way you start your morning shapes your whole day.

A calm morning brings peace to your mind.

Don't rush and take time to breathe and think.

A clear plan helps you move with purpose.

You don't need a perfect start, just a mindful one.

Even five quiet minutes can change your mood.

Good mornings come from good habits.

A peaceful morning leads to better decisions.

Start your day with gratitude, not complaints.

How you begin the day decides how you end it.

Write in English
한 문장씩 영작하기

아침을 시작하는 방식이 당신의 하루 전체를 만듭니다.

평온한 아침은 당신의 마음에 평화를 가져옵니다.

서두르지 말고 숨을 고르고 생각할 시간을 가지세요.

명확한 계획은 당신이 목적을 가지고 움직이도록 도와줍니다.

당신은 완벽한 시작을 필요로 하지 않으며, 그저 마음을 담은 시작이면 됩니다.

단 5분의 조용한 시간이라도 당신의 기분을 바꿀 수 있습니다.

좋은 아침은 좋은 습관에서 비롯됩니다.

평화로운 아침은 더 나은 결정으로 이어집니다.

불평이 아니라 감사로 하루를 시작하세요

하루를 어떻게 시작하느냐가 그것을 어떻게 마무리하느냐를 결정합니다.

Check Your Writing
틀린 부분 수정하기

STEP 03의 지문을 보고 틀린 부분을 꼼꼼히 수정해주세요.

Listen Again
두 번째 듣기

첫 번째 듣기와 달라진 자신의 모습을 확인하세요.

음성 듣기

Memorize and Speak
암기하여 말하기

원어민의 발음과 억양을 최대한 따라하며 말하기 연습을 해보세요.

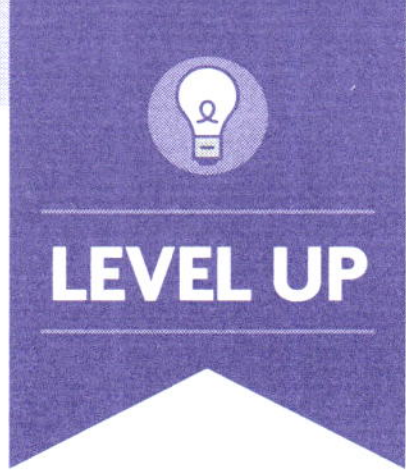

이렇게 영작해 보세요

1. 〈the way+주어 동사〉를 활용하여 〈~가 ~하는 방법/방식〉을 표현해 보세요.

(1) 나는 그가 미소 짓는 방식을 좋아한다.

I like ___________ ___________ ________ __________.

(2) 그들은 그가 말하는 방식을 좋아하지 않는다.

They don't like ___________ ___________ ________ __________.

(3) 나는 네가 있는 그대로의 모습을 사랑한다.

I love you just ___________ ___________ ___________ __________.

(4) 그는 사람들이 과학을 생각하는 방식을 바꾸었다.

He changed ___________ ___________ ___________ __________ about

science.

(5) 그는 문제를 푼 방식을 나에게 가르쳐 주었다.

He taught me ___________ ___________ ________ __________ the

problem.

(6) 나는 그녀가 다른 사람을 돕는 방식을 존경한다.

I admire ___________ ___________ ___________ __________ others.

2. 〈how 주어 동사〉를 활용하여 〈~가 어떻게 ~하는지〉를 표현해 보세요.

(1) 네가 어떻게 자느냐가 네가 어떻게 일하는지를 결정한다.

__________ __________ __________ decides __________

__________ __________.

(2) 네가 어떻게 생각하느냐가 네가 어떻게 사는지를 결정한다.

__________ __________ __________ decides __________

__________ __________.

(3) 네가 어떻게 공부하느냐가 네가 어떻게 기억하는지를 결정한다.

__________ __________ __________ decides __________

__________ __________.

(4) 네가 어떻게 말하느냐가 사람들이 너를 어떻게 보는지를 결정한다.

__________ __________ __________ decides __________

__________ __________ you.

(5) 네가 다른 사람을 어떻게 대하느냐가 그들이 너를 어떻게 대하는지를 결정한다.

__________ __________ __________ others decides __________

__________ __________ you.

Setting Small Goals

작은 목표 세우기

Learn Vocabulary
단어 학습하기

reach [riːʧ]	동 도달하다, 이르다
build [bild]	동 만들다, 짓다
confidence [kánfədəns]	명 자신감
motivation [mòutəvéiʃən]	명 동기 부여
set a goal	목표를 정하다
far away	멀리, 멀리 떨어져 있는
at a time	한 번에
write down	~를 적다, 쓰다
over time	시간이 지나면서
step by step	한 걸음 한 걸음, 차근차근
focus on	~에 집중하다, 초점을 맞추다

Listen First
첫 번째 듣기

세세한 부분까지 모두 들으려 하지 마시고,

가벼운 마음으로 어떤 내용인지만 파악하려고 해보세요.

음성 듣기

Setting Small Goals

Big goals can feel too far away.

But small goals are easier to reach.

You can start with one step at a time.

Write down a goal for today or this week.

Each time you reach a small goal, you feel stronger.

It builds confidence and gives you motivation.

Even five minutes of study or a short walk is progress.

Don't wait for a perfect day and start now in a small way.

Small goals lead to big changes over time.

Step by step, you will get there.

Write in English
한 문장씩 영작하기

큰 목표는 너무 멀게 느껴질 수 있습니다.

하지만 작은 목표는 도달하기에 더 쉽습니다.

당신은 한 번에 한 걸음씩 시작할 수 있습니다.

오늘이나 이번 주의 목표를 적어 두세요.

작은 목표를 달성할 때마다, 당신은 더 강해졌다고 느낍니다.

그것은 자신감을 키워 주고 당신에게 동기를 부여합니다.

단 5분의 공부나 짧은 산책도 진전입니다.

완벽한 날을 기다리지 말고, 지금 작은 방식으로 시작하세요.

작은 목표들은 시간이 지나며 큰 변화를 이끕니다.

한 걸음 한 걸음씩, 당신은 그곳에 도달할 것입니다.

 Check Your Writing
틀린 부분 수정하기

STEP 03의 지문을 보고 틀린 부분을 꼼꼼히 수정해주세요.

 Listen Again
두 번째 듣기

첫 번째 듣기와 달라진 자신의 모습을 확인하세요.

음성 듣기

 Memorize and Speak
암기하여 말하기

원어민의 발음과 억양을 최대한 따라하며 말하기 연습을 해보세요.

이렇게 영작해 보세요

1. 〈each time+주어 동사〉를 활용하여 〈~가 ~할 때마다〉를 표현해 보세요.

(1) 그가 시도할 때마다 그는 조금씩 나아진다.

__________ __________ __________ __________, he gets a little better.

(2) 그가 미소 지을 때마다 주변 사람들이 행복해진다.

__________ __________ __________ __________, everyone around him

feels happy.

(3) 우리가 대화할 때마다 나는 그를 좀 더 이해하게 된다.

__________ __________ __________ __________, I understand him a

little more.

(4) 우리가 함께 여행할 때마다 서로를 더 잘 이해하게 된다.

__________ __________ __________ __________ together, we

understand each other better.

(5) 우리가 만날 때마다 서로에게서 새로운 것을 배운다.

__________ __________ __________ __________, we learn something

new from each other.

2. 〈easier to 동사원형〉을 활용하여 〈~하기에 더 쉬운〉을 표현해 보세요.

(1) 이 책은 내가 예상했던 것보다 읽기가 더 쉽다.

This book is ___________ ________ __________ than I expected.

(2) 이 질문은 지난번 것보다 대답하기가 더 쉽다.

This question is ___________ ________ __________ than the last one.

(3) 이 휴대폰은 초보자들이 사용하기에 더 쉽다.

This phone is ___________ ________ __________ for beginners.

(4) 이 노래는 생각보다 부르기가 쉽다.

This song is ___________ ________ __________ than I thought.

(5) 이 의자는 가벼워서 옮기기가 더 쉽다.

This chair is ___________ ________ __________ because it's light.

(6) 이 요리법은 대부분의 것보다 따라 하기가 쉽다.

This recipe is ___________ ________ __________ than most others.

22

Listening with the Heart

마음으로 듣는 태도

STEP 01 **Learn Vocabulary**
단어 학습하기

advice [ædváis]	명 조언, 충고
reply [riplái]	명 대답
nod [nɑd]	동 끄덕이다
understand [ʌndərstǽnd]	동 이해하다
trust [trʌst]	명 믿음, 신뢰
deepen [díːpən]	동 ~을 깊게 하다
relationship [rilei'ʃənʃiˌp]	명 관계
comfort [kʌmfərt]	명 위로
give full attention	온전히 집중하다
with care	진심을 담아, 신중하게
even if	설령 ~라 하더라도

STEP 02 **Listen First**
첫 번째 듣기

세세한 부분까지 모두 들으려 하지 마시고,

가벼운 마음으로 어떤 내용인지만 파악하려고 해보세요.

음성 듣기

Listening with the Heart

Sometimes people don't need advice; they just need someone to listen.

Listening with the heart means giving full attention.

Don't look at your phone or think about your reply.

Just listen quietly and with care.

Look at the person and nod to show you understand.

Let them finish before you speak.

When we listen with kindness, people feel loved.

It helps build trust and deepens relationships.

Even if you don't have the answer, listening is enough.

A listening heart can bring great comfort.

Write in English
한 문장씩 영작하기

때때로 사람들은 조언을 필요로 하는 것이 아니라, 그저 들어줄 누군가가 필요할 뿐입니다.

마음으로 듣는다는 것은 온전히 집중하는 것을 의미합니다.

휴대전화를 보거나, 대답할 말을 생각하지 마세요.

그저 조용히, 그리고 정성스럽게 들어주세요.

그 사람을 바라보고, 이해하고 있음을 보여주기 위해 고개를 끄덕이세요.

당신이 말하기 전에 그들이 말을 마치게 하세요.

우리가 친절한 마음으로 들을 때, 사람들은 사랑받는다고 느낍니다.

그것은 신뢰를 쌓고 관계를 깊게 만드는 데 도움이 됩니다.

당신이 답을 가지고 있지 않더라도, 들어주는 것만으로 충분합니다.

들어주는 마음은 큰 위로를 가져올 수 있습니다.

Check Your Writing
틀린 부분 수정하기

STEP 03의 지문을 보고 틀린 부분을 꼼꼼히 수정해주세요.

Listen Again
두 번째 듣기

첫 번째 듣기와 달라진 자신의 모습을 확인하세요.

음성 듣기

Memorize and Speak
암기하여 말하기

원어민의 발음과 억양을 최대한 따라하며 말하기 연습을 해보세요.

LEVEL UP

이렇게 영작해 보세요

1. 〈명사+to 동사원형〉을 활용하여 〈~할 명사〉를 표현해 보세요.

(1) 그녀는 먹을 것이 필요하다.

She needs ＿＿＿＿＿＿ ＿＿＿＿ ＿＿＿＿＿.

(2) 읽을 책이 있나요?

Do you have a ＿＿＿＿＿ ＿＿＿＿ ＿＿＿＿＿?

(3) 나는 쉴 시간이 없다.

I don't have ＿＿＿＿＿ ＿＿＿＿ ＿＿＿＿＿.

2. 〈let+명사+동사원형〉을 활용하여 〈~가 ~하게 두다/허락하다〉를 표현해 보세요.

(1) 그거 제가 도와드릴게요.

＿＿＿＿＿ ＿＿＿＿ ＿＿＿＿＿ you with that.

(2) 당신의 결정을 저에게 알려 주세요.

Please ＿＿＿＿＿ ＿＿＿＿ ＿＿＿＿＿ your decision.

(3) 그녀는 아들이 한 시간 동안 게임하도록 허락했다.

She ＿＿＿＿ ＿＿＿＿＿ ＿＿＿＿＿ ＿＿＿＿＿ video games

for an hour.

3. 〈to 동사원형〉을 활용하여 〈~하기 위해서〉를 표현해 보세요.

(1) 그는 그의 가족을 부양하기 위해 열심히 일한다.

He works hard __________ __________ __________ __________.

(2) 그들은 새 차를 사기 위해 돈을 모았다.

They saved money __________ __________ _____ __________

__________.

(3) 우리는 프로젝트에 대해 이야기 하기 위해 만났다.

We met __________ __________ __________ __________ __________.

4. 〈feel+과거분사〉를 활용하여 〈~감정 상태를 느끼다〉를 표현해 보세요.

(1) 그 소식을 듣고 놀랐다.

I __________ __________ by the news.

(2) 그녀는 그의 따뜻한 말에 감동했다.

She __________ __________ by his kind words.

(3) 그들은 자신의 일에 만족했다.

They __________ __________ with their work.

25

Don't Worry
Too Much

너무 걱정하지 말아라

STEP 01 **Learn Vocabulary**
단어 학습하기

worry [wə́:ri]	명 걱정 동 걱정하다
fear [fiər]	명 두려움 동 두려워 하다
yet [jet]	부 아직
endless [éndlis]	형 끝없는, 무한한
go back	돌아가다
take away	빼앗다, 가져가다
take a deep breath	깊게 숨을 들이마시다, 심호흡하다
let go of	~을 놓아주다, 내려놓다
live in the present	현재에 살다

STEP 02 **Listen First**
첫 번째 듣기

세세한 부분까지 모두 들으려 하지 마시고,

가벼운 마음으로 어떤 내용인지만 파악하려고 해보세요.

음성 듣기

Don't Worry Too Much

Most worries are about things we cannot change.

We think about the past, but we cannot go back.

We fear the future, but it has not come yet.

Worrying only takes away today's peace.

Instead of worrying, focus on what you can do now.

Take a deep breath, do your best, and let go of the rest.

When you stop worrying, your mind feels lighter.

Then you will have more time and energy for real problems.

Don't waste your heart on endless worries.

Peace comes when you live in the present.

대부분의 걱정은 우리가 바꿀 수 없는 일들에 대한 것입니다.

우리는 과거를 생각하지만, 그곳으로 돌아갈 수는 없습니다.

우리는 미래를 두려워하지만, 그것은 아직 오지 않았습니다.

걱정하는 것은 오늘의 평화만 앗아갈 뿐입니다.

걱정하는 대신, 당신이 지금 할 수 있는 일에 집중하세요.

깊게 숨을 쉬고, 최선을 다한 뒤, 나머지는 놓아버리세요.

당신이 걱정하는 것을 멈출 때, 당신의 마음은 한결 가벼워집니다.

그러면 당신은 진짜 문제를 해결할 보다 많은 시간과 에너지를 갖게 됩니다.

끝없는 걱정에 당신의 마음을 낭비하지 마세요.

평화는 현재에 살 때(이 순간에 집중할 때) 찾아옵니다.

Check Your Writing
틀린 부분 수정하기

STEP 03의 지문을 보고 틀린 부분을 꼼꼼히 수정해주세요.

Listen Again
두 번째 듣기

첫 번째 듣기와 달라진 자신의 모습을 확인하세요.

음성 듣기

Memorize and Speak
암기하여 말하기

원어민의 발음과 억양을 최대한 따라하며 말하기 연습을 해보세요.

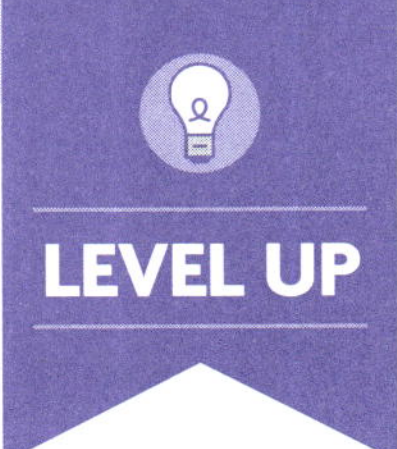

이렇게 영작해 보세요

1. ⟨haven't 과거분사 ~ yet⟩을 활용하여 ⟨아직 ~하지 않았다⟩를 표현해 보세요.

(1) 그들은 아직 무엇을 할지 결정하지 않았다.

They ______________ ______________ ______________ ______________ ______________

______________.

(2) 우리는 아직 표를 사지 않았다.

We ______________ ______________ ______________ ______________ ______________.

(3) 나는 아직 숙제를 끝내지 않았다.

I ______________ ______________ ______________ ______________ ______________.

(4) 버스가 아직 도착하지 않았다.

The bus ______________ ______________ ______________.

(5) 그는 아직 그의 방을 청소하지 않았다.

He ______________ ______________ ______________ ______________ ______________.

(6) 그는 아직 운전하는 법을 배우지 않았다.

He ______________ ______________ ______________ ______________ ______________

______________.

2. 〈stop+동사ing〉를 활용하여 〈~하는 것을 멈추다〉를 표현해 보세요. 또한
〈stop+to 동사원형〉을 활용하여 〈~하기 위해 멈추다〉를 표현해 보세요.

(1) 그는 물을 마시기 위해 멈췄다.

He ________________________________ some water.

(2) 엄마가 오자 그녀는 울음을 멈췄다.

She ____________________ when her mom came.

(3) 그녀는 불평하는 것을 멈추고 행동하기 시작했다.

She __________________________ and started acting.

(4) 그녀는 신발끈을 묶기 위해 멈췄다.

She ________________________________ her shoes.

(5) 나는 전화를 받기 위해 멈췄다.

I ________________________________ the phone.

(6) 나는 통제할 수 없는 일에 대해 걱정하는 것을 그만뒀다.

I __________________ about things I can't control.

DAY 22

A peaceful Morning

평화로운 아침

STEP 01 — Learn Vocabulary
단어 학습하기

stretch [stretʃ]	⑧ 스트레칭하다
sunlight [səˈnlaiˌt]	⑲ 햇빛
aroma [əróumə]	⑲ 향기
gentle [dʒéntl]	⑲ 부드러운, 온화한
check [tʃek]	⑧ 확인하다
schedule [skédʒuːl]	⑲ 스케줄, 일정
mindfully [máindfəlli]	⑨ 마음을 담아, 의식적으로
breathe in	숨을 들이마시다, 호흡하다
a few	몇몇의

STEP 02 — Listen First
첫 번째 듣기

세세한 부분까지 모두 들으려 하지 마시고,

가벼운 마음으로 어떤 내용인지만 파악하려고 해보세요.

음성 듣기

A Peaceful Morning

Opening the window, I breathe in the fresh air.

Listening to the birds, I feel calm and ready for the day.

Stretching my arms, I let the sunlight touch my face.

Walking to the kitchen, I smell the aroma of warm coffee.

Drinking slowly, I think about the things I want to do today.

Reading a few pages, I give my mind a gentle start.

Checking my schedule, I plan the day with focus.

Leaving home, I take a deep breath and smile.

Starting the day calmly, I feel stronger inside.

Living each morning mindfully, I begin the day with peace.

창문을 열며, 나는 신선한 공기를 들이마십니다.

새들의 소리를 들으며, 나는 마음이 차분해지고 하루를 맞을 준비가 됩니다.

팔을 뻗으며, 햇살이 내 얼굴에 닿게 합니다.

부엌으로 걸어가며, 따뜻한 커피의 향을 맡습니다.

천천히 마시며, 오늘 하고 싶은 일들을 생각합니다.

몇 페이지를 읽으며, 나는 내 마음에 부드러운 시작을 줍니다.

내 일정을 확인하며, 나는 집중해서 하루를 계획합니다.

집을 나서며, 나는 깊게 숨을 쉬고 미소 짓습니다.

차분하게 하루를 시작하며, 나는 내면이 더 강해짐을 느낍니다.

매일 아침을 마음을 담아 살면서, 나는 평화롭게 하루를 시작합니다.

Check Your Writing
틀린 부분 수정하기

STEP 03의 지문을 보고 틀린 부분을 꼼꼼히 수정해주세요.

Listen Again
두 번째 듣기

첫 번째 듣기와 달라진 자신의 모습을 확인하세요.

음성 듣기

Memorize and Speak
암기하여 말하기

원어민의 발음과 억양을 최대한 따라하며 말하기 연습을 해보세요.

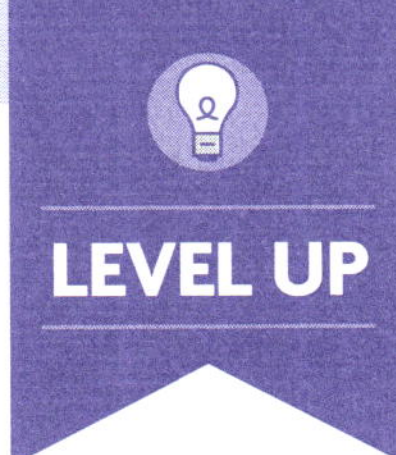

이렇게 영작해 보세요

1. 〈Ving ~, 주어 동사〉를 활용하여 〈~하면서〉를 표현해 보세요.

(1) 따뜻하게 미소 지으며 그는 친구들에게 인사했다.

_______________ _______________, he greeted his friends.

(2) 노래를 부르며 그 소년은 집으로 걸었다.

_______________ _____ _______________, the boy walked home.

(3) 선생님의 말씀을 들으며 학생들은 필기했다.

_______________ _________ _________ _______________, the students took notes.

(4) 창밖을 바라보며 그녀는 자신의 미래를 생각했다.

_______________ _______________ _______________ _______________, she thought

about his future.

(5) 커피를 마시며 나는 해돋이를 바라보았다.

_______________ _____ _______________ _________ _______________, I watched the

sunrise.

(6) 사진들을 보며 그녀는 어린 시절을 떠올렸다.

_______________ _____ _______________ _______________, she remembered

her childhood.

2. ⟨주어 동사 ~, 동사ing ~⟩를 활용해서도 ⟨~하면서⟩를 표현해 보세요.

(1) 그녀는 소설을 읽으며 벤치에 앉아 있었다.

She sat on the bench, ___________ ____ __________.

(2) 그 개는 꼬리를 흔들며 나를 따라왔다.

The dog followed me, ___________ __________ __________.

(3) 그들은 이야기하고 웃으며 모닥불 주위에 앉아 있었다.

They sat around the fire, ___________ __________ ____________.

(4) 나는 유튜브를 보며 점심식사를 했다.

I had lunch, ___________ __________.

(5) 엄마는 환하게 웃으며 방으로 들어왔다.

Mom walked into the room, ___________ __________.

(6) 그는 별들을 바라보며 창가에 서 있었다.

He stood at the window, __________ _______ __________

__________.

25

When You Feel
Life Is Unfair

인생이 불공평하다고
느낄 때

Learn Vocabulary
단어 학습하기

unfair [ənfeˈr]	형 불공평한
face [feis]	동 직면하다 명 얼굴
score [skɔːr]	명 점수
notice [nóutis]	동 알아차리다, 눈치 채다
lonely [lóunli]	형 외로운
hidden [hídn]	형 숨은, 감춰진
struggle [strʌgl]	명 힘든 일, 고난, 투쟁
seem to V	~인 것처럼 보이다, ~인 것 같다
at those times	그런 때에, 그런 시기들에

Listen First
첫 번째 듣기

세세한 부분까지 모두 들으려 하지 마시고,

가벼운 마음으로 어떤 내용인지만 파악하려고 해보세요.

음성 듣기

STEP 03 **Translate into Korean**
한 문장씩 해석하기

When You Feel Life Is Unfair

Sometimes you may feel that life is unfair only to you.

You see others happy, but you face problems.

You study hard, but your score isn't very high.

You try to be kind, but people don't seem to notice.

At those times, everything feels heavy and lonely.

But remember, everyone has their own hidden struggles.

You can't always see their pain or their effort.

Instead of asking, "Why me?" ask, "What can I learn?"

Unfair moments can make you stronger inside.

You are never truly alone, even when it feels that way.

Write in English
한 문장씩 영작하기

때때로 당신은 인생이 오직 자신에게만 불공평하다고 느낄 수도 있습니다.

당신은 다른 사람들이 행복해 보이지만, 당신은 문제에 직면합니다.

당신은 열심히 공부하지만, 점수가 그리 높지 않습니다.

당신은 친절하려고 노력하지만, 사람들은 그것을 알아차리지 못하는 것 같습니다.

그럴 때는 모든 것이 무겁고 외롭게 느껴집니다.

하지만 기억하세요, 모든 사람에게는 자신만의 숨겨진 어려움이 있습니다.

당신은 그들의 고통이나 노력을 항상 볼 수 있는 것은 아닙니다.

"왜 나인가?"라고 묻는 대신, "나는 무엇을 배울 수 있을까?"라고 물어보세요.

불공평한 순간들은 당신의 내면을 더 강하게 만들 수 있습니다.

그렇게 느껴질 때조차, 당신은 결코 진정으로 혼자가 아닙니다.

 **Check Your Writing**
틀린 부분 수정하기

STEP 03의 지문을 보고 틀린 부분을 꼼꼼히 수정해주세요.

 **Listen Again**
두 번째 듣기

첫 번째 듣기와 달라진 자신의 모습을 확인하세요.

음성 듣기

 **Memorize and Speak**
암기하여 말하기

원어민의 발음과 억양을 최대한 따라하며 말하기 연습을 해보세요.

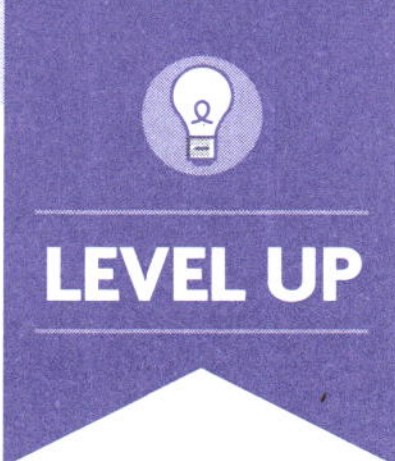

이렇게 영작해 보세요

1. 〈seem to 동사원형〉을 활용하여 〈~인 것 같다, ~처럼 보이다〉를 표현해 보세요.

(1) 그는 답을 아는 것 같다.

He ___________ _______ _________the answer.

(2) 그녀는 그 영화를 좋아하는 것 같다.

She ___________ _______ __________ the movie.

(3) 너는 그 문제를 이해하는 것 같다.

You ___________ _______ _____________ the problem.

(4) 그는 친절한 사람인 것 같다.

He ___________ _______ _______ a kind person.

(5) 너는 요즘 아주 열심히 일하는 것 같다.

You ___________ _______ __________ very hard these days.

(6) 내 동생은 모든 것을 기억하는 것 같다.

My sister ___________ _______ _____________ everything.

2. 〈make+명사+형용사 비교급〉을 활용하여 〈~를 더 ~하게 만들다〉를 표현해 보세요.

(1) 선생님의 조언은 문제를 더 쉽게 만들었다.

The teacher's advice _____________ _____________ _____________

_____________.

(2) 그의 친절한 말이 나를 더 자신 있게 만들었다.

His kind words _____________ _________ _____________ _____________.

(3) 운동이 그를 더 강하게 만들었다.

The exercise _____________ _____________ _____________.

(4) 그녀의 노력이 결과를 더 좋게 만들었다.

Her effort _____________ _____________ _____________ _____________.

(5) 선생님의 칭찬이 학생들을 더 적극적으로 만들었다.

The teacher's praise _____________ _____________ _____________

_____________ _____________.

(6) 그 실수가 일을 더 어렵게 만들었다.

The mistake _____________ _____________ _____________ _____________.

Life Doesn't Always Go as Planned

인생이 항상
계획대로 되지 않는다

STEP 01 — Learn Vocabulary
단어 학습하기

follow [fálou]	⑧ 따르다
expect [ikspékt]	⑧ 기대하다, 예상하다
appear [əpíər]	⑧ 나타나다, 등장하다
without [wiðáut]	㉠ ~없이, ~하지 않고
delay [diléi]	⑲ 지연 ⑧ 미루다
useless [jú:slis]	㉵ 쓸모없는
respond [rispánd]	⑧ 반응하다, 대응하다
be full of	~로 가득차다
twists and turns	(비유적) 인생의 굴곡, 우여곡절

STEP 02 — Listen First
첫 번째 듣기

세세한 부분까지 모두 들으려 하지 마시고,

가벼운 마음으로 어떤 내용인지만 파악하려고 해보세요.

음성 듣기

Life Doesn't Always go as Planned

Life doesn't always follow our plans.

Sometimes things go better than we expect.

Other times, problems appear without warning.

You may plan to win, but you may lose.

You may plan to be on time, but delays happen.

This does not mean planning is useless.

Plans give us direction, but life adds surprises.

What matters is how we respond when plans change.

Stay calm, learn, and try again.

Life is full of twists and turns, and that makes it meaningful.

인생이 언제나 우리의 계획을 따르는 것은 아닙니다.

(=인생은 항상 우리의 계획대로 흘러가지는 않습니다.)

때때로 일들이 우리가 예상한 것보다 더 잘 풀리기도 합니다.

또 다른 때에는, 문제들이 예고 없이 나타납니다.

당신은 이기려고 계획하겠지만, 질 수도 있습니다.

제시간에 도착하려고 계획하겠지만, 지연이 생기기도 합니다.

이것이 계획하는 것이 쓸모없다는 뜻은 아닙니다.

계획은 우리에게 방향을 주지만, 인생은 놀라움을 더합니다.

중요한 것은 계획이 바뀔 때 우리가 어떻게 대응하느냐입니다.

침착함을 유지하고, 배우고, 다시 시도하세요.

인생은 굴곡으로 가득 차 있으며, 그것이 인생을 의미 있게 만듭니다.

STEP 05 · Check Your Writing
틀린 부분 수정하기

STEP 03의 지문을 보고 틀린 부분을 꼼꼼히 수정해주세요.

STEP 06 · Listen Again
두 번째 듣기

첫 번째 듣기와 달라진 자신의 모습을 확인하세요.

음성 듣기

STEP 07 · Memorize and Speak
암기하여 말하기

원어민의 발음과 억양을 최대한 따라하며 말하기 연습을 해보세요.

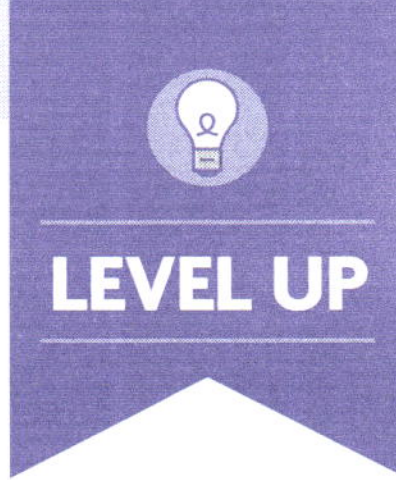

이렇게 영작해 보세요

1. 〈비교급 than 주어 expect〉를 활용하여 〈기대하는 것보다 더 ~한〉을 표현해 보세요.

(1) 시험은 내가 기대했던 것보다 더 쉬웠다.

The exam was __________ __________ ____ __________.

(2) 영화는 우리가 기대했던 것보다 더 좋았다.

The movie was __________ __________ ________ __________.

(3) 그 문제는 그들이 예상했던 것보다 더 어려웠다.

The problem was __________ __________ __________ __________.

(4) 그 경기는 우리가 예상했던 것보다 더 재미있었다.

The game was __________ __________ __________ ________

__________.

(5) 그 식당은 내가 예상했던 것보다 더 쌌다.

The restaurant was __________ __________ ____ __________.

(6) 회의는 내가 예상했던 것보다 더 길었다.

The meeting was __________ __________ ____ __________.

2. 〈What matters is how 주어 동사〉를 활용하여 〈중요한 것은 어떻게 ~하느냐이다〉를 표현해 보세요.

(1) 중요한 것은 네가 그 문제를 어떻게 푸느냐다.

__________ __________ __________ __________ __________

__________ the problem.

(2) 중요한 것은 네가 하루를 어떻게 시작하느냐다.

__________ __________ __________ __________ __________

__________ the day.

(3) 중요한 것은 네가 너의 시간을 어떻게 쓰느냐다.

__________ __________ __________ __________ __________

__________ your time.

(4) 중요한 것은 네가 다른 사람을 어떻게 대하느냐다.

__________ __________ __________ __________ __________

__________ others.

(5) 중요한 것은 네가 너 자신을 어떻게 보느냐다.

__________ __________ __________ __________ __________

__________ yourself.

The Power of Habits

습관의 힘

Learn Vocabulary
단어 학습하기

shape [ʃeip]	⑧ 만들다, 형성하다
repeat [ripíːt]	⑧ 반복하다
daily [déili]	⑲ 일상적인, 매일의
create [kriéit]	⑧ 만들다, 창조하다
steal [stiːl]	⑧ 훔치다
patience [péiʃəns]	⑲ 인내, 참을성
perfection [pərfékʃən]	⑲ 완벽
seed [siːd]	⑲ 씨앗
root [ruːt]	⑲ 뿌리
each time+주어 동사	~가 ~할 때마다

Listen First
첫 번째 듣기

세세한 부분까지 모두 들으려 하지 마시고,

가벼운 마음으로 어떤 내용인지만 파악하려고 해보세요.

음성 듣기

The Power of Habits

Your life is shaped by what you do every day.

Small actions repeated daily create big results.

Good habits make life easier and happier.

Bad habits quietly steal your time and energy.

Changing habits takes patience, not perfection.

Start with one small thing and keep doing it.

Each time you choose the right action, you grow stronger.

Habits are like seeds that grow with care.

The more you repeat them, the deeper they take root.

Build habits that lead you to the life you want.

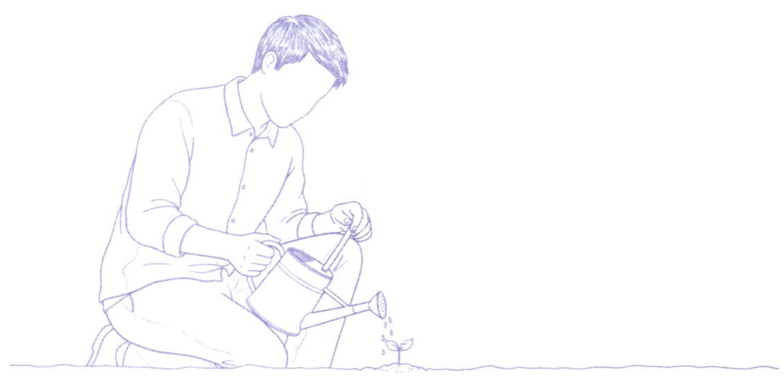

당신의 인생은 당신이 매일 하는 일들에 의해 만들어집니다.

매일 반복되는 작은 행동들이 큰 결과를 만들어냅니다.

좋은 습관은 삶을 더 쉽고 행복하게 만듭니다.

나쁜 습관은 조용히 당신의 시간과 에너지를 빼앗습니다.

습관을 바꾸는 데에는 완벽함이 아니라 인내가 필요합니다.

한 가지 작은 일부터 시작해서 계속하세요.

당신이 올바른 행동을 선택할 때마다, 당신은 더 강해집니다.

습관은 정성으로 길러지는 씨앗과 같습니다.

당신이 그것들을 반복할수록, 더 깊이 뿌리를 내립니다.

당신을 당신이 원하는 삶으로 이끌어주는 습관을 만들어가세요.

Check Your Writing
틀린 부분 수정하기

STEP 03의 지문을 보고 틀린 부분을 꼼꼼히 수정해주세요.

Listen Again
두 번째 듣기

첫 번째 듣기와 달라진 자신의 모습을 확인하세요.

음성 듣기

Memorize and Speak
암기하여 말하기

원어민의 발음과 억양을 최대한 따라하며 말하기 연습을 해보세요.

이렇게 영작해 보세요

1. 〈The 비교급 (주어 동사), the 비교급 (주어 동사)〉를 활용하여 〈~할수록 더 ~하다〉를 표현해 보세요.

(1) 많으면 많을수록 좋다.

The ___________, the ___________.

(2) 빠르면 빠를수록 좋다.

_____________ _____________, _____________ _____________.

(3) 불평을 덜수록 더 행복하게 산다.

___________ ___________ you complain, ___________ ___________ you live.

(4) 책을 많이 읽을수록 더 현명해진다.

___________ ___________ you read, ___________ ___________ you become.

(5) 덜 말할수록 더 많이 듣게 된다.

___________ ___________ ___________ ___________, ___________

___________ ___________ ___________.

(6) 나눌수록 더 많이 얻게 된다.

___________ ___________ ___________ ___________, ___________

___________ ___________ ___________.

2. 〈명사+과거분사 ~〉를 활용하여 〈~되는, ~해진〉을 표현해 보세요.

(1) 어제 찍힌 그 사진은 멋져 보인다.

The picture ______________ ________________ looks great.

(2) 우리 엄마가 만든 그 케이크는 맛있다.

The cake ______________ _________ _________ ___________tastes

delicious.

(3) 1900년에 지어진 그 집은 여전히 튼튼하다.

The house ____________ _________ ___________ is still strong.

(4) 그녀가 쓴 그 책은 매우 인기가 있다.

The book ______________ _________ ___________ is very popular.

(5) 작년에 심어진 나무들은 잘 자라고 있다.

The trees ____________ ____________ ___________ are growing well.

(6) 꽃으로 장식된 그 집은 아름다워 보였다.

The house ________________ ____________ ____________ looked beautiful.

Stay Away from People Who Gossip

험담하는 사람을 멀리해라

 **STEP 01**

Learn Vocabulary
단어 학습하기

gossip [ɡásəp]	(동) 험담하다, 잡담하다
feeling [fíːliŋ]	(명) 느낌, 감정
destroy [distrɔ́i]	(동) 파괴하다
trust [trʌst]	(명) 신뢰 (동) 신뢰하다
close [klous]	(형) 가까운
spread [spred]	(동) 퍼지다, 확산하다
friendship [fréndʃip]	(명) 우정
protect [prətékt]	(동) 보호하다
stay away from	~로부터 떨어져 있다
lift up	들어 올리다
pull down	끌어 내리다

STEP 02

Listen First
첫 번째 듣기

세세한 부분까지 모두 들으려 하지 마시고,

가벼운 마음으로 어떤 내용인지만 파악하려고 해보세요.

음성 듣기

STEP 03 **Translate into Korean**
한 문장씩 해석하기

Stay Away from People Who Gossip

Gossip may sound fun at first, but it is dangerous.

Someone who gossips about others may also gossip about you.

Gossip can hurt people's feelings and destroy trust.

It spreads quickly, even when it is not true.

Being close to people who gossip makes you part of the problem.

It is better to spend time with friends who speak kindly.

Kind words build friendship, but gossip destroys it.

If you hear gossip, don't join in and stay quiet or walk away.

Choose friends who lift you up, not those who pull you down.

Staying away from gossip is the best way to protect your heart.

Write in English
한 문장씩 영작하기

험담은 처음에는 재미있게 들릴 수도 있지만, 그것은 위험합니다.

다른 사람에 대해 험담하는 사람은 당신에 대해서도 험담할 수 있습니다.

험담은 사람들의 감정을 상하게 하고 신뢰를 무너뜨릴 수 있습니다.

그것은 사실이 아닐 때도 빠르게 퍼집니다.

험담하는 사람들과 가까이 지내는 것은 당신도 그 문제의 일부가 되게 만듭니다.

친절하게 말하는 친구들과 시간을 보내는 것이 더 좋습니다.

친절한 말은 우정을 쌓지만, 험담은 그것을 무너뜨립니다.

험담을 들으면, 동조하지 말고 조용히 있거나 자리를 떠나세요.

당신을 끌어올리는 친구를 선택하고, 끌어내리는 친구는 피하세요.

험담에서 멀리하는 것이 당신의 마음을 지키는 가장 좋은 방법입니다.

Check Your Writing
틀린 부분 수정하기

STEP 03의 지문을 보고 틀린 부분을 꼼꼼히 수정해주세요.

Listen Again
두 번째 듣기

첫 번째 듣기와 달라진 자신의 모습을 확인하세요.

음성 듣기

Memorize and Speak
암기하여 말하기

원어민의 발음과 억양을 최대한 따라하며 말하기 연습을 해보세요.

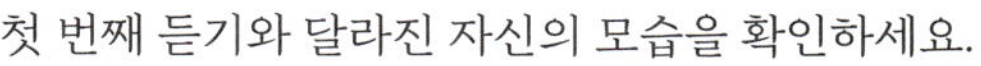

LEVEL UP

이렇게 영작해 보세요

1. 〈사람 명사+who+동사〉를 활용하여 〈~하는 사람〉을 표현해 보세요.

(1) 책을 읽고 있는 소년은 내 동생이다.

__________ __________ __________ ________ __________ a book is my brother.

(2) 옆집에 사는 그 남자는 매우 친절하다.

__________ __________ __________ __________ next door is very kind.

(3) 우리를 도와준 그 남자는 매우 관대하다.

__________ __________ __________ __________ ________ is very generous.

(4) 우리는 창문을 깬 그 소년을 보았다.

We saw __________ __________ __________ __________ the window.

(5) 그녀는 정직한 사람들을 좋아한다.

She likes __________ __________ __________ __________.

2. 〈the best way+to 동사원형〉을 활용하여 〈~하는 가장 좋은 방법〉을 표현해 보
세요.

(1) 휴식을 취하는 가장 좋은 방법은 좋아하는 음악을 듣는 것이다.

___________ ___________ ___________ _________ ___________

_________ _________ ___________ to your favorite music.

(2) 이 문제를 해결하는 가장 좋은 방법은 함께 협력하는 것이다.

___________ _________ ___________ _________ _________ _________

_________ _________ _________ _________ ___________ together.

(3) 영어를 배우는 가장 좋은 방법은 매일 연습하는 것이다.

___________ _________ ___________ _________ _________ _________

___________ _________ _________ ___________ every day.

(4) 친절하게 행동하는 것이 친구를 사귀는 가장 좋은 방법이다.

Being kind is ___________ ___________ _________ _______

___________ ___________.

(5) 질문하는 것이 수업 내용을 이해하는 가장 좋은 방법이다.

Asking questions is ___________ _________ ___________ _______

___________ the lesson.

 29

Preparing for a Good Death

좋은 죽음을 준비하기

 **STEP 01 Learn Vocabulary**
단어 학습하기

last [læst]	동 지속되다
death [deθ]	명 죽음
forgive [fərgív]	동 용서하다
limited [límitid]	형 제한된, 한정된
wisely [wáizli]	부 현명하게
legacy [légəsi]	명 유산, 업적
courage [kə́ːridʒ]	명 용기
treasure [tréʒər]	명 보물
prepare for	~에 위해 준비하다
choose A over B	B 대신 A를 선택하다
hold on to	~을 꼭 붙잡다

 **STEP 02 Listen First**
첫 번째 듣기

세세한 부분까지 모두 들으려 하지 마시고,

가벼운 마음으로 어떤 내용인지만 파악하려고 해보세요.

음성 듣기

Preparing for a Good Death

Life does not last forever.

Thinking about death may feel heavy, but it helps us prepare.

Preparing for death reminds us that every day is a gift.

When we know time is limited, we use it more wisely.

We can choose love over anger and peace over conflict.

We can forgive instead of holding on to pain.

Simple acts like a smile or kind words become part of our legacy.

Preparing for a good death helps us focus on what matters now.

It gives us courage to live each day with meaning.

By preparing for death, we also learn to treasure life today.

Write in English
한 문장씩 영작하기

인생은 영원히 지속되지 않습니다.

죽음에 대해 생각하는 것은 무겁게 느껴질 수 있지만, 그것은 우리가 준비하도록 도와 줍니다.

죽음을 준비하는 것은 매일이 하나의 선물임을 우리에게 일깨워 줍니다.

시간이 한정되어 있음을 알 때, 우리는 그것을 더 현명하게 사용합니다.

우리는 분노보다 사랑을, 갈등보다 평화를 선택할 수 있습니다.

우리는 고통을 붙잡는 대신 용서할 수 있습니다.

미소나 친절한 말과 같은 단순한 행동들이 우리의 유산의 일부가 됩니다.

(=작은 미소나 친절한 말 한마디가 결국 우리 인생의 흔적이 된다.)

좋은 죽음을 준비하는 것은 우리가 지금 중요한 것에 집중하도록 도와줍니다.

그것은 우리에게 매일을 의미 있게 살아갈 용기를 줍니다.

죽음을 준비함으로써, 우리는 또한 오늘의 삶을 소중히 여기는 법을 배웁니다.

Check Your Writing
틀린 부분 수정하기

STEP 03의 지문을 보고 틀린 부분을 꼼꼼히 수정해주세요.

Listen Again
두 번째 듣기

첫 번째 듣기와 달라진 자신의 모습을 확인하세요.

음성 듣기

Memorize and Speak
암기하여 말하기

원어민의 발음과 억양을 최대한 따라하며 말하기 연습을 해보세요.

이렇게 영작해 보세요

1. 〈Ving ~ 단수동사〉를 활용하여 〈~하는 것은 ~이다〉를 표현해 보세요.

(1) 점심 식사 후 짧게 걷는 것은 마음을 상쾌하게 해 준다.

__________ ____ __________ __________ after lunch refreshes

your mind.

(2) 늦은 밤 커피를 마시는 것은 잠들기 어렵게 만든다.

__________ __________ __________ __________ __________

__________ it hard to sleep.

(3) 실수에서 배우는 것은 더 빨리 성장하게 해 준다.

__________ __________ __________ __________ __________ you

grow faster.

(4) 생각을 글로 적는 것은 마음을 정리하게 해 준다.

__________ __________ __________ __________ __________ your

mind.

(5) 아침에 하루를 계획하는 것은 시간을 많이 절약하게 해 준다.

__________ __________ __________ ______ __________

__________ __________ a lot of time.

2. 〈주어1 동사1 주어2 동사2〉에서 〈주어2+동사2〉를 활용하여 〈주어가 동사하다는 것을〉 또는 〈주어가 동사하다고〉를 표현해 보세요.

(1) 나는 네가 잠깐 쉬어야 한다고 생각해.

______ ____________ ______________ ______________ ___________ a short

break.

(2) 그녀는 그가 오늘 그 일을 끝낼 수 있다고 믿는다.

____________ ______________ ___________ ____________ ___________ the

work today.

(3) 우리는 네가 시험에서 최선을 다했다는 걸 안다.

__________ ____________ ____________ ___________ your best on the

exam.

(4) 그는 어제 시간이 충분하지 않았다고 말했다.

__________ ____________ ___________ ____________ ___________ enough time

yesterday.

(5) 그는 네가 옳은 결정을 내렸다고 생각한다

__________ ____________ ____________ ___________ the right decision.

DAY
50

Turning Fear into Excitement

두려움을 설렘으로 바꾸기

STEP 01 Learn Vocabulary
단어 학습하기

natural [nǽtʃərəl]	형 자연의, 자연스러운
afraid [əfréid]	형 두려운, 두려워하는
fear [fiər]	명 두려움, 공포
preparation [prèpəréiʃən]	명 준비, 대비
confidence [kánfədəns]	명 자신감
scary [skέəri]	형 무서운, 두려운
performance [pərfɔ́ːrməns]	명 공연, 성능, 수행
fully [fúlli]	부 완전히, 충분히, 전적으로
prepare [pripέər]	동 준비하다
excitement [iksáitmənt]	명 흥분, 신남, 설렘

STEP 02 Listen First
첫 번째 듣기

세세한 부분까지 모두 들으려 하지 마시고,
가벼운 마음으로 어떤 내용인지만 파악하려고 해보세요.

음성 듣기

Turning Fear into Excitement

Before starting something new, it is natural to feel afraid.

You may worry about failing or making mistakes.

But fear grows when you are not ready.

Preparation gives you confidence and peace of mind.

When you study hard, a test feels less scary.

When you practice enough, a performance feels exciting.

The more you prepare, the smaller your fear becomes.

And when you're fully prepared, fear becomes excitement.

Instead of shaking with worry, you smile with hope.

So, get ready, and let your fear turn into joy.

Write in English
한 문장씩 영작하기

새로운 일을 시작하기 전에 두려움을 느끼는 것은 자연스러운 일입니다.

당신은 실패하거나 실수할까 봐 걱정할 수도 있습니다.

그러나 준비가 되어 있지 않을 때 두려움은 커집니다.

준비는 당신에게 자신감과 마음의 평화를 줍니다.

당신이 열심히 공부하면, 시험이 덜 두렵게 느껴집니다.

당신이 충분히 연습하면, 공연은 신나게 느껴집니다.

당신이 준비를 많이 할수록, 두려움은 더 작아집니다.

그리고 당신이 완전히 준비가 되었을 때, 두려움은 설렘으로 바뀝니다.

걱정으로 떨기보다, 희망으로 미소 짓게 됩니다.

준비하세요, 그리고 당신의 두려움이 기쁨으로 바뀌게 하세요.

 **Check Your Writing**
틀린 부분 수정하기

STEP 03의 지문을 보고 틀린 부분을 꼼꼼히 수정해주세요.

 **Listen Again**
두 번째 듣기

첫 번째 듣기와 달라진 자신의 모습을 확인하세요.

음성 듣기

 **Memorize and Speak**
암기하여 말하기

원어민의 발음과 억양을 최대한 따라하며 말하기 연습을 해보세요.

이렇게 영작해 보세요

1. 〈The 비교급+주어 동사, the 비교급+주어 동사〉를 활용하여 〈~할수록 더 ~하다〉를 표현해 보세요.

(1) 베풀수록 더 행복해진다.

___________ ___________ you give, ___________ ___________ you become.

(2) 일찍 잘수록 더 건강하게 느껴진다.

___________ ___________ ___________ ___________, ___________

___________ ___________ ___________.

(3) 바쁠수록 시간이 더 빨리 간다.

___________ ___________ ___________ ___________, ___________

___________ time flies.

(4) 오래 머물수록 더 편안해진다.

___________ ___________ ___________, ___________

___________ ___________ you feel.

(5) 휴대폰을 덜 사용할수록 잠을 더 잘 잔다.

___________ ___________ ___________ ___________ your phone,

___________ ___________ ___________ ___________.

2. 〈It is natural to 동사원형〉을 활용하여 〈~하는 것은 자연스럽다/당연하다〉를 표현해 보세요.

(1) 큰 시험 전에 긴장하는 것은 당연하다.

________ ________ ________ ________ ________ ________

before a big test.

(2) 긴 하루가 끝난 뒤 피곤해지는 것은 당연하다.

________ ________ ________ ________ ________ ________

after a long day.

(3) 변화를 두려워하는 것은 자연스러운 일이다.

________ ________ ________ ________ ________ ________ of

change.

(4) 가끔 도움을 필요로 하는 것은 당연하다.

________ ________ ________ ________ ________ ________

sometimes.

(5) 이해가 안 될 때 질문하는 것은 당연하다.

________ ________ ________ ________ ________ ________

when you don't understand.

p.10

DAY 01 — Without Action, Nothing Happens
아무것도 하지 않으면 아무 일도 일어나지 않는다

1.

(1) **If I am late,** please wait for me.

(2) **If you are hungry,** let's eat something.

(3) **If you leave now,** we can catch the bus.

(4) **If you need help,** ask the teacher.

(5) We can have dinner together **if they arrive early.**

(6) I will come back later **if you are busy.**

2.

(1) You can't enter **unless you have tickets.**

(2) He can't sleep **unless the room is dark.**

(3) **Unless you try,** you won't know the answer.

3.

(1) Call me **when you arrive.**

(2) He smiled **when he heard the news.**

(3) I feel better **when I listen to music.**

DAY 02 Without Action, Nothing Happens
모든 사람을 만족시킬 수는 없다

1.

(1) She always **tries to help** her friends.

(2) Please **try to be quiet** in the library.

(3) Don't worry and just **try to do your best.**

2.

(1) The movie **made me happy.**

(2) This drink **makes me sleepy.**

(3) The funny story **made us excited.**

3.

(1) His joke **made everyone laugh.**

(2) The spicy food **made me drink** a lot of water.

4.

(1) **No matter what you say,** I won't change my mind.

(2) **No matter what they do,** we must stay calm.

(3) **No matter what others think,** she believes in herself.

p.22

DAY 05 Change Yourself First
먼저 자신을 변화시켜라

1.

(1) I know **what you want.**

(2) She bought **what she needed.**

(3) He showed me **what he made.**

2.

(1) The weather **became cold** suddenly.

(2) I want to **become strong** like my father.

(3) He **became famous** after the movie.

3.

(1) Don't **waste time watching** TV all day.

(2) He **wasted money buying** useless things.

(3) Don't **waste energy worrying** about the past.

4.

(1) **Be kind** to others, **and** they will like you.

(2) **Follow my advice, and** you won't regret it.

(3) **Save your money, and** you can buy what you want.

DAY 02 — Should I Do It or Not?
할까 말까 고민될 때

1.

(1) He **is gone** now.

(2) My **wallet is gone!**

(3) Don't worry, the **pain is gone** now.

2.

(1) She smiles **even if she is tired.**

(2) **Even if you fail**, you can try again.

(3) **Even if it is cold**, I will go for a walk.

3.

(1) **It is better to study hard** than to regret later.

(2) **It is better to try and fail** than to do nothing.

(3) **It is better to listen** than to talk too much.

4.

(1) We **regret not taking** the chance.

(2) She **regrets not spending** more time with her family.

p.34

DAY 05 Don't Wait Until You're Ready
준비될 때까지 기다리지 마라

1.

(1) Wait here **until I come back.**

(2) We can't start **until everyone arrives.**

(3) She didn't sleep **until the baby fell** asleep.

2.

(1) **Once you try** it, you will love it.

(2) **Once the movie starts**, please be quiet.

3.

(1) They **keep playing** soccer until it gets dark.

(2) She **kept asking** questions about the story.

(3) He **keeps trying** to fix the old computer.

4.

(1) We keep healthy **by exercising** regularly.

(2) She saved money **by cooking** at home.

(3) We can reduce waste **by recycling** more.

DAY 06 The Joy of Simple Life
소박한 삶의 행복

1.

(1) I bought this book **to study English.**

(2) She got up early **to catch the first bus.**

(3) We opened the window **to get some fresh air.**

2.

(1) **She feels lonely** sometimes.

(2) **We feel excited** about the trip.

(3) **They felt nervous** before the test.

3.

(1) Helping others **makes us feel happy.**

(2) Hard work can **make you strong.**

(3) Your kind words **made me confident.**

4.

(1) He **helped me carry** the heavy bag.

(2) We **helped our parents cook** dinner.

(3) She **helped him find** his lost dog.

p.46

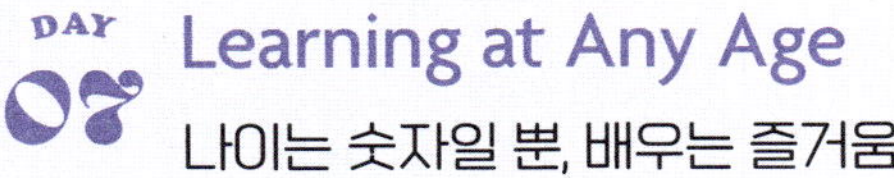

DAY 08 Learning at Any Age
나이는 숫자일 뿐, 배우는 즐거움

1.

(1) He is **too young to drive.**

(2) This problem is **too difficult to solve.**

(3) He spoke **too fast to understand.**

2.

(1) It is **never too late to start/begin** again.

(2) You are **never too old to learn.**

3.

(1) I try to **keep my room clean.**

(2) Good food **keeps people healthy.**

(3) Please **keep the door open.**

4.

(1) **What matters is to do/try** your best.

(2) **What matters is to keep** learning.

(3) **What matters is to** never give up.

DAY 08 What Is True Happiness?
진짜 행복이란 무엇인가

1.

(1) **I know that he is** my friend.

(2) **We believe that honesty is** important.

(3) **She said that she was** tired.

(4) **I think that English is** interesting.

(5) **He thinks that it will rain** tomorrow.

(6) **She promised that she would help** me.

2.

(1) This is the **book I read** yesterday.

(2) She bought the **dress I wanted.**

(3) I lost the **pen you gave me.**

(4) He showed me the **picture she painted.**

(5) I need **something I can read** on the train.

(6) I can give you **everything you want.**

p.58

DAY 09 Time with Family
가족과 함께하는 시간

1.

(1) My **dad is a teacher.**

(2) **They are busy now.**

(3) The **problem is serious.**

2.

(1) I **can speak English.**

(2) She **can draw beautiful pictures.**

(3) We **can go to the park** tomorrow.

3.

(1) He **may be busy** now.

(2) She **may know the answer.**

(3) They **may come late.**

4.

(1) We **must be quiet** in the library.

(2) You **must wear** a seat belt.

(3) We **must respect** our parents.

DAY 10 The Power of Gratitude
감사하는 마음이 주는 힘

1.

(1) **Eating vegetables is** important.

(2) **Being patient is** not always easy.

(3) **Getting enough sleep is** necessary for children.

2.

(1) The child **became tired** after playing all day.

(2) She **became confident** after practicing a lot.

(3) The weather **became cold** last night.

3.

(1) The good news **made my day wonderful.**

(2) The beautiful song **made the moment special.**

4.

(1) That is the **friend I am waiting for.**

(2) He is the **man my sister is talking to.**

(3) He is the **actor many people are interested in.**

p.70

DAY 11
Enjoying the Present Moment
지금 이 순간을 즐기기

1.

(1) I **forgot to call** my friend.

(2) I **forgot calling** my friend.

(3) I **forgot to lock** the door.

(4) I **forgot locking** the door.

(5) She **forgot to take** her medicine.

(6) She **forgot taking** her medicine.

2.

(1) **Don't wait for a perfect time to start.**

(2) **Don't wait for a perfect time to change** your life.

(3) **Don't wait for a perfect time to forgive** someone.

(4) **Don't wait for a perfect time to make** a decision.

(5) **Don't wait for a perfect time to say** sorry.

(6) **Don't wait for a perfect time to show** your love.

DAY 12 Values over Success
성공보다 중요한 가치

1.

(1) Expensive food **is not always delicious.**

(2) The weather forecast **is not always correct.**

(3) Hard work **does not always lead to success.**

2.

(1) **Those who smile** often make others feel good.

(2) **Those who listen** carefully learn more.

(3) **Those who help** others are respected.

3.

(1) **Our happiness comes from** small things.

(2) **His strength comes from** his family's support.

(3) **The problem comes from** a lack of communication.

4.

(1) **What is popular** is not always right.

(2) I want to do only **what is necessary.**

(3) She tried to change **what was wrong.**

DAY 18 — Simple Meals for Health
건강을 위한 소박한 식사

1.

(1) You **don't need to explain** everything.

(2) He **doesn't need to bring** anything.

(3) You **don't need to worry** about money. It's all free.

2.

(1) Today **is colder than** yesterday.

(2) He **is younger than** he looks.

(3) Math **is more difficult than** English for me.

3.

(1) **Keep your hands clean.**

(2) Drink water to **keep your body healthy.**

(3) Positive thoughts **keep your mind strong.**

4.

(1) I know **how you feel.**

(2) Do you remember **how this story ends?**

(3) They learned **how people lived** in ancient times.

DAY 12 Stress and How to Manage It
스트레스와 그 해소법

1.

(1) I **helped my brother clean** his room.

(2) My mom **helped me cook** dinner.

(3) He **helped his friend carry** the heavy box.

2.

(1) Exercise **helps build** strong muscles.

(2) Reading **helps improve** your vocabulary.

(3) Good sleep **helps reduce** stress.

3.

(1) I need **someone people can trust.**

(2) She met **someone everyone likes.**

(3) He is **someone many people respect.**

4.

(1) I want **something everyone likes.**

(2) I'm looking for **something you can eat.**

(3) She remembered **something her mother said.**

p.94

DAY 15 Keeping Your Body Active
몸을 활발히 움직이기

1.

(1) **Stay healthy by eating** well.

(2) **She stayed calm** while everyone else panicked.

(3) **Let's stay positive** even when things are hard.

2.

(1) **The brave** never give up.

(2) **The rich** should help **the poor.**

(3) **The young** learn quickly, but **the old** are wise.

3.

(1) **It is not easy to learn** a new language.

(2) **It is important to eat breakfast** every morning.

(3) **It is impossible to finish** this work in one day.

(4) **It is exciting to travel** to new places.

(5) **It is polite to say** thank you.

DAY 16 Starting Something New
새로운 것을 시작하기

1.

(1) I **don't have to get** up early today.

(2) You **don't have to answer** right now.

(3) She **doesn't have to cook** dinner tonight.

2.

(1) He **let his dog run** in the park.

(2) My mom **let me go** out with my friends.

(3) Don't **let fear control** your life.

3.

(1) The rain **stopped us from going** outside.

(2) Fear often **stops us from trying** new things.

(3) Nothing can **stop me from dreaming** big.

4.

(1) It's **never too late to change** your life.

(2) It's **never too early to prepare** for the future.

p.106

DAY 18 Finding Joy in Effort
노력 속에서 기쁨 찾기

1.

(1) I want tea, **not coffee.**

(2) She bought a dress, **not a skirt.**

(3) Watch how he acts, **not what he says.**

2.

(1) Hard work can **turn a dream into reality.**

(2) She **turned her hobby into** a job.

(3) Kind words can **turn anger into peace.**

3.

(1) She is **not only smart but also kind.**

(2) This restaurant is **not only cheap but also delicious.**

(3) He is **not only my teacher but also my friend.**

(4) The book is **not only popular but also meaningful.**

(5) She **not only sings** beautifully **but also writes** her own songs.

DAY 18 Money and a Simple Life
돈과 단순한 삶

1.

(1) The weather is **not always good** in April.

(2) The bus is **not always on time.**

(3) Technology is **not always helpful.**

2.

(1) I like **what you wrote.**

(2) They need **what you have.**

(3) He found **what she lost.**

3.

(1) **I think he is** a good person.

(2) **He said he was** busy yesterday.

(3) **He believes honesty always wins.**

(4) **She thinks life is** full of surprises.

(5) **Many people think exercise is** boring.

p.118

DAY 19 Using Time Well
시간을 잘 쓰는 법

1.

(1) **Once you try**, you will understand.

(2) **Once you start**, you can't stop.

(3) **Once you believe** in yourself, anything is possible.

2.

(1) He is **the most popular player** on the team.

(2) This park is **the most peaceful place** in the city.

(3) He made **the most important decision** of his life.

3.

(1) **It is important to sleep** well.

(2) **It is important to wash** your hands.

(3) **It is important to eat** healthy food.

4.

(1) Smoking **can lead to** cancer.

(2) A poor diet **leads to** many health problems.

(3) Hard work and patience **led to his success.**

DAY 20 Morning Sets the Tone
아침이 하루를 만든다

1.

(1) I like **the way he smiles.**

(2) They don't like **the way he speaks.**

(3) I love you just **the way you are.**

(4) He changed **the way people think** about science.

(5) He taught me **the way he solved** the problem.

(6) I admire **the way she helps** others.

2.

(1) **How you sleep** decides **how you work.**

(2) **How you think** decides **how you live.**

(3) **How you study** decides **how you remember.**

(4) **How you speak** decides **how people see** you.

(5) **How you treat** others decides **how they treat** you.

p.130

DAY 21 Setting Small Goals
작은 목표 세우기

1.

(1) **Each time he tries**, he gets a little better.

(2) **Each time he smiles**, everyone around him feels happy.

(3) **Each time we talk**, I understand him a little more.

(4) **Each time we travel** together, we understand each other better.

(5) **Each time we meet**, we learn something new from each other.

2.

(1) This book is **easier to read** than I expected.

(2) This question is **easier to answer** than the last one.

(3) This phone is **easier to use** for beginners.

(4) This song is **easier to sing** than I thought.

(5) This chair is **easier to move** because it's light.

(6) This recipe is **easier to follow** than most others.

DAY 22 Listening with the Heart
마음으로 듣는 태도

1.

(1) She needs **something to eat.**

(2) Do you have a **book to read?**

(3) I don't have **time to rest.**

2.

(1) **Let me help** you with that.

(2) Please **let me know** your decision.

(3) She **let her son play** video games for an hour.

3.

(1) He works hard **to support his family.**

(2) They saved money **to buy a new car.**

(3) We met **to talk about the project.**

4.

(1) I **felt surprised** by the news.

(2) She **felt touched** by his kind words.

(3) They **felt satisfied** with their work.

p.142

DAY 25 Don't Worry Too Much
너무 걱정하지 말아라

1.

(1) They **haven't decided what to do yet.**

(2) We **haven't bought the tickets yet.**

(3) I **haven't finished my homework yet.**

(4) The bus **hasn't arrived yet.**

(5) He **hasn't cleaned his room yet.**

(6) He **hasn't learned how to drive yet.**

2.

(1) He **stopped to drink** some water.

(2) She **stopped crying** when her mom came.

(3) She **stopped complaining** and started acting.

(4) She **stopped to tie** her shoes.

(5) I **stopped to answer** the phone.

(6) I **stopped worrying** about things I can't control.

A peaceful Morning
평화로운 아침

DAY 22

1.

(1) **Smiling warmly**, he greeted his friends.

(2) **Singing a song**, the boy walked home.

(3) **Listening to the teacher**, the students took notes.

(4) **Looking out the window**, she thought about his future.

(5) **Drinking a cup of coffee**, I watched the sunrise.

(6) **Looking at the photos**, she remembered her childhood.

2.

(1) She sat on the bench, **reading a novel.**

(2) The dog followed me, **wagging its tail.**

(3) They sat around the fire, **talking and laughing.**

(4) I had lunch, **watching YouTube.**

(5) Mom walked into the room, **smiling brightly.**

(6) He stood at the window, **looking at the stars.**

p.154

DAY 25 When You Feel Life Is Unfair
인생이 불공평하다고 느낄 때

1.

(1) He **seems to know** the answer.

(2) She **seems to like** the movie.

(3) You **seem to understand** the problem.

(4) He **seems to be** a kind person.

(5) You **seem to work** very hard these days.

(6) My sister **seems to remember** everything.

2.

(1) The teacher's advice **made the problem easier.**

(2) His kind words **made me more confident.**

(3) The exercise **made him stronger.**

(4) Her effort **made the result better.**

(5) The teacher's praise **made the students more active.**

(6) The mistake **made the work harder.**

DAY 26 · Life Doesn't Always Go as Planned
인생이 항상 계획대로 되지 않는다

1.

(1) The exam was **easier than I expected.**

(2) The movie was **better than we expected.**

(3) The problem was **harder than they expected.**

(4) The game was **more exciting than we expected.**

(5) The restaurant was **cheaper than I expected.**

(6) The meeting was **longer than I expected.**

2.

(1) **What matters is how you solve** the problem.

(2) **What matters is how you start** the day.

(3) **What matters is how you spend** your time.

(4) **What matters is how you treat** others.

(5) **What matters is how you see** yourself.

p.166

DAY 27 The Power of Habits
습관의 힘

1.

(1) The **more**, the **better.**

(2) **The sooner, the better.**

(3) **The less** you complain, **the happier** you live.

(4) **The more** you read, **the wiser** you become.

(5) **The less you talk, the more you hear.**

(6) **The more you share, the more you receive.**

2.

(1) The picture **taken yesterday** looks great.

(2) The cake **made by my mom** tastes delicious.

(3) The house **built in 1900** is still strong.

(4) The book **written by her** is very popular.

(5) The trees **planted last year** are growing well.

(6) The house **decorated with flowers** looked beautiful.

 Stay Away from People Who Gossip
험담하는 사람을 멀리해라

1.

(1) **The boy who is reading** a book is my brother.

(2) **The man who lives** next door is very kind.

(3) **The man who helped us** is very generous.

(4) We saw **the boy who broke** the window.

(5) She likes **people who are honest.**

2.

(1) **The best way to relax is to listen** to your favorite music.

(2) **The best way to solve this problem is to work** together.

(3) **The best way to learn English is to practice** every day.

(4) Being kind is **the best way to make friends.**

(5) Asking questions is **the best way to understand** the lesson.

p.178

DAY 29 Preparing for a Good Death
좋은 죽음을 준비하기

1.

(1) **Taking a short walk** after lunch refreshes your mind.

(2) **Drinking coffee late at night makes** it hard to sleep.

(3) **Learning from your mistakes helps** you grow faster.

(4) **Writing down your thoughts clears** your mind.

(5) **Planning your day in the morning saves** a lot of time.

2.

(1) **I think you should take** a short break.

(2) **She believes he can finish** the work today.

(3) **We know you tried** your best on the exam.

(4) **He said he didn't have** enough time yesterday.

(5) **He thinks you made** the right decision.

DAY 50 Turning Fear into Excitement
두려움을 설렘으로 바꾸기

1.

(1) **The more** you give, **the happier** you become.

(2) **The earlier you sleep, the healthier you feel.**

(3) **The busier you are, the faster** time flies.

(4) **The longer you stay, the more comfortable** you feel.

(5) **The less you use** your phone, **the better you sleep.**

2.

(1) **It is natural to feel nervous** before a big test.

(2) **It is natural to get tired** after a long day.

(3) **It is natural to be afraid** of change.

(4) **It is natural to need help** sometimes.

(5) **It is natural to ask questions** when you don't understand.

하루 한 지문
Write Your English
ⓒ 이정우

초판 1쇄 인쇄 2025년 12월 20일

지은이 이정우
디자인 김지혜
마케팅 정호윤, 김민지
펴낸곳 모티브
이메일 motive@billionairecorp.com

ISBN 979-11-94600-77-0 (03740)